Kathry
eerder de
en *Gescho*
voor de *N*

kinderen in New York.

Kathryn Harrison

De weg naar Santiago de Compostela

Vertaald door Hankie Bauer

Rainbow Pockets
National Geographic

Rainbow Pockets® worden uitgegeven door Muntinga Pockets, onderdeel van Uitgeverij Maarten Muntinga bv, Amsterdam

www.rainbow.nl

Uitgave in samenwerking met
National Geographic Nederland • België

De National Geographic Society is een van de grootste wetenschappelijke en educatieve non-profitorganisaties ter wereld. De Society is in 1888 opgericht ter vergroting en verspreiding van geografische kennis, en geeft een beeld van de wereld door middel van haar tijdschriften, boeken, televisieprogramma's, videobanden, kaarten, atlassen en interactieve media. *National Geographic Magazine*, het officiële tijdschrift van de Society, verschijnt in 19 talen en wordt maandelijks gelezen door 40 miljoen mensen in alle landen van de wereld. Het *National Geographic Channel* bereikt 140 miljoen huishoudens in 23 talen in 141 landen, waaronder de Verenigde Staten. De Society heeft ruim 7000 onderzoeksprojecten gefinancierd.
Voor meer informatie: www.nationalgeographic.nl.

Oorspronkelijk verschenen in de Verenigde Staten in de serie National Geographic Directions als: *The Road to Santiago*

Omslagontwerp: Studio Jan de Boer
Foto voorzijde omslag: Corbis
Foto achterzijde omslag: Marion Ettlinger
Druk: Bercker, Kevelaer
Uitgave in Rainbow Pockets juni 2006
Derde druk juni 2007

ISBN 978 90 417 0616 4 NUR 508

Voor Jean

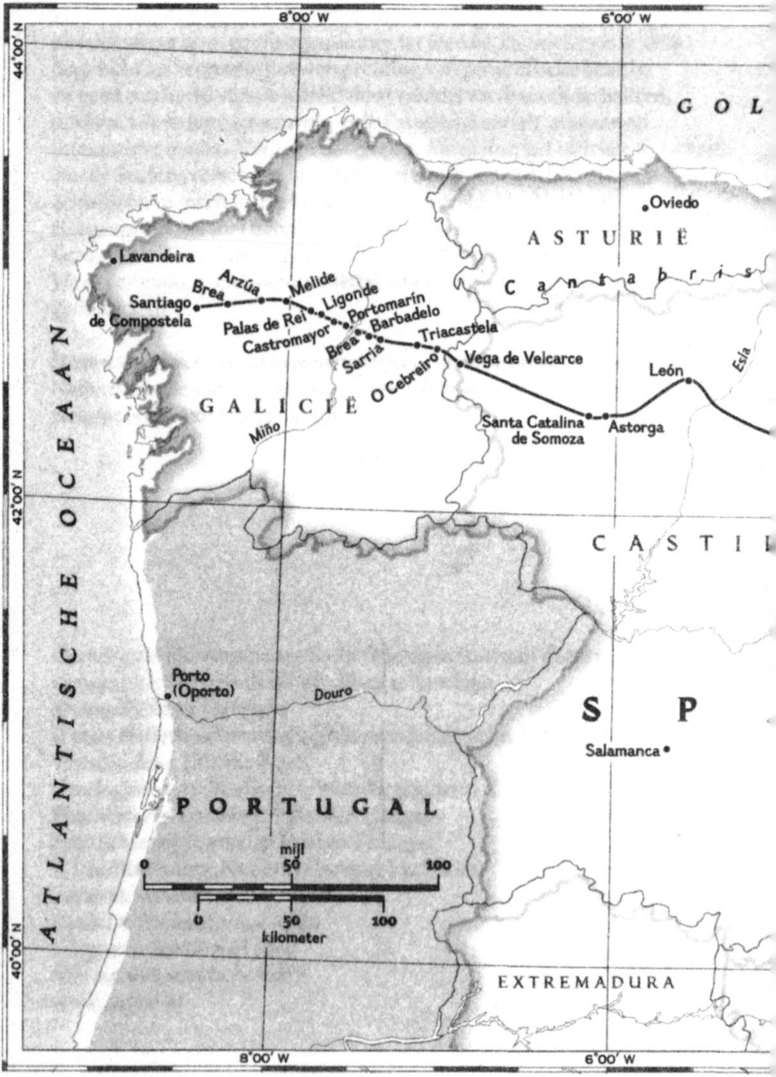

8°00' W
6°00' W
44°00' N
42°00' N
40°00' N
G O L
Oviedo
A S T U R I Ë
C a n t a b r i s
Lavandeira
Santiago de Compostela
Brea
Arzúa
Melide
Ligonde
Palas de Rei
Portomarín
Castromayor
Barbadelo
Brea
Sarria
Triacastela
O Cebreiro
Vega de Valcarce
León
Esla
G A L I C I Ë
Miño
Santa Catalina de Somoza
Astorga
A T L A N T I S C H E   O C E A A N
C A S T I L
Porto (Oporto)
Douro
S P
Salamanca
P O R T U G A L
mijl
0
50
100
0
50
100
kilometer
EXTREMADURA

DE WEG NAAR SANTIAGO DE COMPOSTELA
4°00′ W
2°00′ W
0°00′
44°00′ N
42°00′ N
AN BISKAJE
Biarritz
Bayonne
FRANKRIJK
CANTABRIË
CANTABRIË
Bilbao
BASKENLAND
St.Jean-Pied-de-Port
Roncesvalles
Zubiri
Larrasoaña
NAVARRA
Pyreneeën
Gebergte
Ebro
CASTILLA Y LEÓN
ASTILLA Y LEÓN
Cirauqui
Estella
Azqueta
Pamplona
Cizur Menor
Puente la Reina
Villamayor de Monjardín
Luquín
Torres del Río
Los Arcos
Logroño
Arga
NAVARRA
Burgos
LA RIOJA
ARAGÓN
Y LEÓN
Zaragoza
dolid
Duero
Ebro
NJE
MADRID
Madrid
gus (Tajo)
CASTILLA LA MANCHA
GROOT-BRITTANNIË
BELGIË
DUITSLAND
Parijs
ATLANTISCHE OCEAAN
FRANKRIJK
ZWITS.
ITALIË
Uitvergroting
Golf van Biskaje
Pyreneeën
Santiago de Compostela
PORTUGAL
Madrid
SPANJE
Middellandse Zee
0
400
mijl
AFRIKA

INHOUD

DEEL EEN: 2002

EEN

Dinsdag, 23 juli 2002, 7.30 uur 's ochtends, Parijs.
Bleek ochtendlicht. Mijn dochter en ik zijn na een nacht vliegen vanuit New York zojuist aangekomen op de luchthaven Charles de Gaulle. Een groot bord laat ons weten dat we ons in terminal C bevinden; onze vliegtickets vermelden dat onze aansluiting naar Biarritz van terminal F vertrekt. Twee films, twee maaltijden, tijdschriften en chocola en krap een uurtje slaap – en toch holt Sarah tegen de stroom in op de lopende band. Twaalf is ze en ze let niet of nauwelijks op de groepjes vermoeide, verfomfaaide passagiers die haar tegemoetkomen en zich passief van de ene ongemakkelijke situatie naar de andere laten transporteren; ze heeft geen oog voor de man die net iets te lang naar haar lange, gebruinde benen kijkt, trekt zich niets aan van het luchthavenpersoneel dat haar waarschuwende blikken toewerpt, ze zwaait en lacht naar me van onder haar scheef wegzakkende rugzak. '*Non, non!*' roept een vrouw in uniform en wijst met een vinger naar mij, de nalatige moeder die daar maar blijft staan tussen twee mensenvervoerders in waar de vloer niet beweegt, maar ik verbied mijn rebelse dochter niets. Precies op het juiste moment vertraagt Sarah haar bewegingen en komt in slowmotion naar me toe gerend, in exact hetzelfde tempo als dat van de lopende band die haar probeert weg te voeren. Gympen en een shortje, los-

hangend donker haar, blauwe ogen die opzien baren door hun grootte en intensiteit: een elfje met een boodschap, of misschien met een vraag: wat doen wij hier? waarvoor zijn wij hierheen gekomen?

Ik stap op het voortglijdende zwarte rubber en ze draait zich om en gaat naast me staan. Ik heb de hele nacht niet geslapen en daardoor ben ik de geestelijke isolatie kwijtgeraakt die me gisteren nog beschermde tegen het volstrekt wereldvreemde van deze tocht, die zich in het grijze ochtendlicht van een Parijse werkdag ontpopt als een romantische absurditeit. Ik maak gebruik van de snelheid van de 21ste eeuw om ons beiden zo snel mogelijk – dan maar niet slapen – naar een stadje in de Pyreneeën over te brengen, waarvandaan we een tocht zullen gaan ondernemen zelfs zonder hulp van het wiel. We zullen van St. Jean-Pied-de-Port in Frankrijk over de bergen naar Roncesvalles in Spanje trekken en vandaar naar Pamplona, misschien zelfs wel helemaal naar Logroño, in westelijke richting lopen met alles wat we nodig hebben op onze rug. In een week tijd zullen we een zo groot mogelijk stuk van de eeuwenoude bedevaartroute naar Santiago de Compostela afleggen.

Die route is ten tijde van de Kruistochten vastgelegd. De mensen die het pad beliepen, deden dat vanuit dezelfde drijfveer die anderen naar het Heilige Land lokte: dit was dé mogelijkheid om blijk te geven van hun trouw aan God. Zoals dat met al dergelijke ondernemingen het geval is, was er van de eindbestemming Santiago minder geestelijke beloning te verwachten dan van de tocht zelf, die één langgerekte boetedoening was, een grootse daad van geloofsovertuiging, samengesteld uit vele kleinere momenten van religieus besef, aan het einde waarvan de stoffelijke resten van een martelaar lagen – gesteld althans dat de heilige Jacobus inderdaad in Spanje begraven ligt, want zijn verhaal werd van het begin af aan bepaald door een sterk verlangen te geloven, en heeft daardoor altijd meer met romantiek te maken gehad dan met de waarheid.

In de Evangeliën staat te lezen dat Jacobus, zoon van Zebedeus, in zijn vissersboot samen met zijn broer Johannes bezig was zijn netten te boeten, toen Christus hen tot zich riep, zeggende: 'Volg mij en ik zal u tot vissers van mensen maken.' Jacobus en zijn broer zijn met hem meegegaan en Jacobus zag met eigen ogen hoe Jezus de dochter van Jaïrus uit de dood opwekte. Jacobus was getuige van de verheerlijking van Jezus op de Berg, waarbij een nieuwe orde van liefde ontstond die plaatsmaakte voor de oude orde die gebaseerd was op wetten. En hij vergezelde zijn Heer op Zijn weg van de grootste roem naar het diepste lijden. Jacobus was bij Christus in de Hof van Gethsemané en hij smeekte Hem in Zijn lijden te mogen delen, hij vroeg iets waarvan hij in al zijn sterfelijkheid niet kon voorzien wat het betekende: om voor zijn geloof te worden vervolgd en vermoord. Jacobus werd in 44 A.D. in Jeruzalem door Herodes onthoofd. Hij was de meest ambitieuze en agressieve van Jezus' discipelen; hij was dan ook de eerste die als martelaar stierf en de eerste rond wiens persoon legenden begonnen te ontstaan.

Op het moment dat hij stierf, lag Jacobus op zijn knieën met zijn hoofd voorover. Hij ving zijn hoofd in zijn armen op en hield het stevig tegen zich aangeklemd. Zijn discipelen namen zijn lijk mee en legden het precies zoals het was, met het hoofd nog steeds in zijn armen, in een marmeren sarcofaag die ze in een stenen scheepje zonder roer naar Spanje overbrachten. De wonderbaarlijke tocht de hele Middellandse Zee over en door de Straat van Gibraltar duurde zeven dagen – het getal zeven is al even mystiek als het getal veertig: de tijd die nodig is om geschiedenis te maken of totaal te veranderen. Bij het naderen van de kust werd het stenen schip verwelkomd door een bruidegom te paard, en daarmee werd een mooie brug geslagen tussen het beeld van Christus en dat van de zeegod Poseidon, die soms de gestalte van een paard of een stier aanneemt. Het dier was ongeduldig en sprong het water in. Toen het weer bovenkwam was het overdekt met kamschelpen, en zo kwam Jacobus aan zijn symbool, de jakobsschelp, geleend misschien wel van Aphrodite, de godin van de liefde.

Een geschikte plek om Jacobus te begraven vonden ze echter pas nadat ze de nodige beproevingen hadden doorstaan. Het verhaal gaat dat de heidense koningin Lupa de discipelen een berg op stuurde waar ze verwachtte dat ze door wilde stieren zouden worden vertrapt; of dat ze, mocht dat niet gebeuren, door een plaatselijke draak zouden worden verslonden. Maar het teken van het kruis veranderde de stieren in makke gidsen die de discipelen en de relikwieën van de heilige terugbrachten bij de boze koningin. En zoals dat gaat in sprookjes, gebeurde het wonder dat Lupa zich onmiddellijk gewonnen gaf en zich tot het christendom bekeerde. Ze veranderde haar paleis in een kerk: de eerste kerk gewijd aan St. Jacobus, of om de Spaanse benaming te gebruiken: Santiago. Ze zorgde ervoor dat de marmeren sarcofaag in een grot werd geborgen waar hij acht eeuwen lang ongestoord is blijven liggen.

Een stenen schip zonder roer dat in zeven dagen ruwe zeeen over vaart. Belachelijk. Maar hoe komt het dan dat de legende hardnekkig blijft voortbestaan en door de eeuwen heen almaar weer wordt verteld en herverteld? Waarom blijven we ons zo redeloos aan het verhaal vastklampen – zoals de heilige aan zijn afgehakte hoofd? Tijdens een heilig jaar, als de dag van St. Jacobus, 25 juli, op een zondag valt, leggen meer dan honderdduizend mensen – kinderen van de 21ste eeuw – lopend de weg naar Santiago af. En ook nu nog, nu we ons bestaan van de ene dag op de andere voor een heel ander leven kunnen verwisselen, ons werk ter zijde kunnen schuiven om hoog in de lucht naar films te gaan zitten kijken, nu we de nacht kunnen samenvouwen tot een heel kleine tijdspanne, de ochtend sneller kunnen laten aanbreken, dwars over continenten heen door kabels kunnen spreken die licht brengen – ook nu nog leggen we de weg lopend af en bewegen we ons in een traag tempo voort in de richting van het onzichtbare, het onwaarschijnlijke, het lachwekkende. Welk geloof we ook aanhangen, of helemaal geen geloof, we moeten het verstandelijke ver achter ons laten om een geestestoestand te bereiken waaraan we een nog grotere waarde hechten: een toestand van verlichting.

Sarah en ik stappen van de lopende band af. Onze voeten komen met een schok op het linoleum terecht. We leggen de rest van de weg naar terminal F lopend af zonder tussenkomst van de technologie. Een van de beloften die de weg naar Santiago inhoudt, een andere verstandhouding met de tijd, is een poging om die per stap te meten. Niet om de tijd te overwinnen, en ook niet om zich tegen de meedogenloosheid ervan te verzetten, maar om een beter begrip te krijgen van de tijd, een van de gezichten van God – een gezicht dat gewoonlijk wordt overschaduwd door de veeleisendheid van ons bestaan.

In de negende eeuw, na de invasie van Spanje door de Moren, is de heilige Jacobus aan sommige mensen als visioen verschenen, aan anderen als een idee: zou hij niet hét middel kunnen zijn om de oprukkende stroom van ongelovigen te stuiten? Een groep christelijke kluizenaars, onder wie een man, Pelayo genaamd, die zich in Galicië (dat toentertijd Asturië heette) had gevestigd, zag op een nacht lichten in het bos: een *compostela* of veld van sterren. De verschijning ging vergezeld van hemelse muziek en Pelayo, die de sterren en het gezang volgde, vond een altaar met daarop een marmeren sarcofaag waarop de volgende tekst stond: 'Hier rust Santiago, zoon van Zebedeus en Salome, broeder van de heilige Johannes, die door Herodes in Jeruzalem werd onthoofd.' Pelayo ging naar zijn bisschop, Teodomiro, die de veelbelovende vondst officieel bevestigde en deze aan koning Alfonso meldde. Nu had christelijk Spanje de mogelijkheid om een belangrijke heilige plaats te stichten die zich met het Córdoba van de moslims zou kunnen meten. De relikwieën werden naar een andere plaats overgebracht en een nieuwe heilige stad, Santiago de Compostela, was geboren. Routes erheen werden vastgelegd, uit Frankrijk, uit Italië, uit Duitsland en de meeste daarvan kwamen op een punt in de Pyreneeën samen, in de buurt van de bergpas Cize. Alle paden werden vaak bezocht door rovers, neppriesters, paardendieven en verkopers van allerhande verleidingen. Er waren veel van dit soort parasieten; oprecht goede Samaritanen waren zeldzaam. Een Franse monnik uit de twaalfde eeuw, Aymeric Picaud, was de samensteller van het eerste praktische handboek voor de 'Camino de Santiago', een gids die sindsdien veelvuldig is samengevat en die wordt aangehaald in de literatuur die ik bij me heb als ik samen met mijn dochter aan de tocht begin.

De reisgidsen wegen niet bepaald weinig, en een stapel tijdschriften en goedkope pocketboekjes uit de luchthavenwinkels hebben onze rugzakken nog eens kilo's zwaarder gemaakt. Terwijl ik door de slopend lange gangen van de luchthaven loop, realiseer ik me voor het eerst terdege dat ik voor deze ascetische krachttoer een jong meisje als reisgenoot heb uitgekozen, een wezen dat met karakteristiek enthousiasme juist die dingen aanschaft die ik probeer achter te laten: cd's, tijdschriften, allerlei accessoires, cosmetica. Met alle spullen erbij die louter het amusement dienen, passen onze rugzakken als we aan onze vervolgvlucht beginnen nauwelijks in de bagagevakken boven ons hoofd.

In Biarritz overleg ik met de vrouw achter de informatiebalie, waarbij ik de vernedering van mijn roestige Frans te verduren heb en totaal overbodige kaarten koop bij een kiosk ernaast om datgene wat ze ons aanraadt beter te kunnen begrijpen. Vanaf de plaatselijke luchthaven moeten we per bus naar Bayonne en van Bayonne per trein naar St. Jean-Pied-de-Port. Het tempo waarin we ons voortbewegen, begint zich eindelijk te vertragen. In Bayonne moeten we anderhalf uur wachten voor onze trein vertrekt en die tijd brengen we door met het zoeken naar een broek voor Sarah, die geen enkele lange broek heeft meegenomen en wier moeder zo lamgeslagen was door de vochtigheid van de maand juli in New York en zich zulke zorgen maakte over de zomerse hitte in Spanje, dat ze totaal vergat wat zich daartussenin bevindt: de Pyreneeën. Het is koud en nat in Bayonne. De regen valt in schuine vlagen over de modderkleurige rivier de Nive als we over de brug lopen die tussen het station en de winkelbuurt in ligt.

Daar vinden we in een van de vele slecht gesorteerde winkels ten slotte een bruikbare broek van wijnrood ribfluweel.

Terug op het station ontdekt Sarah een fotocabine die verrassend mooie foto's voortbrengt, zo ongelooflijk mooi dat het tovenarij lijkt, en maar twee euro kosten voor één grote en vier kleinere, of voor zestien heel kleine afdrukken. We gebruiken de resterende minuten om haar te vermenigvuldigen en ik bekijk de foto's terwijl ze uit de gleuf tevoorschijn komen. Sarah is hoe dan ook prachtig, prachtig met haar beugel, met ongekamd haar en donkere kringen onder haar ogen van moeheid, maar iets – wat? de kale witte achtergrond? de digitale camera? de inval van het flitslicht? – heeft mechanische alchemie voortgebracht. Over iedere foto ligt een gloed als van een icoon.

'Moet je ook eens proberen,' zegt ze, maar ik wil de betovering niet verbreken.

'Hier,' zeg ik, 'zorg dat er geen krassen op komen.' Ik houd haar een open reisgids voor en we stoppen de foto's tussen pagina's weg.

In de trein naar St. Jean-Pied-de-Port valt mijn dochter in slaap en ik staar uit het raam en probeer erachter te komen waarom het zo plezierig reizen is in Europese treinen, waarvan de harde zitplaatsen in de derdeklaswagon volgens mij luxueuzer aanvoelen dan de chique, verstelbare leunstoelen in de New Yorkse *Metroliner*. Het moet wel aan de afstand liggen waardoor zulk comfort ontstaat. Thuis word ik voortdurend heen en weer geslingerd tussen verantwoordelijkheden en deadlines, terwijl het spoor onder de wielen voort tikt met het geluid als van een enorme klok. Hier is het geluid van de dwarsliggers rustgevend.

We stappen uit de trein en lopen de stad in; een leuk plaatsje, maar we zijn te moe om er veel van te zien. Het eerste hotel is vol en het tweede ook. Het is bijna zes uur en ik hoop dat ik het niet heb verknald – op reis met mijn kind kan ik me het soort misrekeningen niet permitteren dat ik mezelf heb aangeleerd te accepteren als iets dat er nu eenmaal bij hoort. Ik loop over het steile trottoir omhoog zonder naar Sarah's gezicht te kijken, om niet te hoeven zien wat zich daarop aftekent: teleurstelling, uitputting, ongerustheid. Een nacht op een bank is geen optie en gelukkig is het lot het daarmee eens. Het volgende hotel heeft een uithangbord met drie sterren, een restaurant, kabel-tv, donzen dekbedden met wit damasten overtrekken en er is een kamer vrij.

Ik duw de houten luiken van onze kamer open en kijk uit over de schilderachtige kinderkopjes en de bloembakken vol rode geraniums aan de vensterbanken, een en ander met een dramatisch achtergronddecor.

'Moet je die bergen zien!' zeg ik.

'Franse MTV!' antwoordt Sarah opgetogen en zwaait met de afstandsbediening. Maar we vallen beiden in slaap zonder onze schoenen uit te trekken.

~

Woensdag, 24 juli, 2002, 7.30 uur 's ochtends, St. Jean-Pied-de-Port.

Sarah slaapt terwijl ik me van diverse dingen ontdoe. Deze keer, net als toen ik drie jaar geleden de pelgrimsroute voor het eerst bewandelde, ben ik benieuwd naar wat ik onderweg ga wegdoen, van wat ik dacht zo graag bij me te willen hebben dat ik bereid was het op mijn rug mee te sjouwen en waarvan ik uiteindelijk besloot: toch maar niet. Ik sorteer mijn toiletspullen en doe het extra stuk zeep en een lekkende fles sunblock weg. Ik had al een overvloed aan kaarten bij me toen ik hierheen kwam, en op het vliegveld heb ik er nog een paar gekocht, dus ik offer drie van de zeven op en ook een van de reisgidsen. De route is zo goed aangegeven dat een kind dat nog niet heeft leren lezen de gele pijlen en rode strepen door heel Spanje zou kunnen volgen, maar dat ben ik vergeten. Ik houd me vast aan de zekerheid van kaarten en reisgidsen die ik niet nodig heb en niet zal gebruiken.

De pelgrims hadden tijdens hun voettocht traditiegetrouw altijd een staf bij zich die hun tijdens de lange, vermoeiende tocht tot steun diende, maar ook als middel om honden en dieven mee op afstand te houden. Water droegen ze in kalebassen en ze identificeerden zich als bedevaartgangers op weg naar Santiago, door middel van een jakobsschelp die ze goed zichtbaar op hun kleding of aan hun staf droegen. Al dit soort voorwerpen, en ook de moderne versies ervan – stokken van grafiet en veldflessen en goretexjacks –, zijn te koop in de ene na de andere winkel in St. Jean. Na het ontbijt en een warme douche gaan we, gebukt onder onze rugzakken, op weg naar het *Accueil St. Jacques*, het bedevaartkantoor op de Rue de la Citadelle 39, om er onze *credenciales* ofwel pelgrimsakte aan te vragen. Dit geeft ons het recht gebruik te maken van de *refugios* onderweg, mochten we die nodig hebben. Het credenciale, dat een paar euro kost, moet elke dag bij een refugio, kerk of gemeentehuis worden afgestempeld. Aan het eind van de tocht kun je het document dan in het pelgrimskantoor in Santiago laten zien om een certificaat te krijgen ter bevestiging van het feit dat je de hele pelgrimsroute hebt afgelegd. Wat zijn de redenen dat wij deze tocht ondernemen, wil het document van ons weten. Katholiek? Spiritueel? Gezondheid? Andere?

'Wat moet ik aankruisen?' vraagt Sarah me en ik haal mijn schouders op.

'Wat je maar wilt.' Ze kijkt naar mijn pen die aarzelt tussen Katholiek en Spiritueel; ik kruis ten slotte beide aan.

'Ben je dan katholiek?' vraagt ze. 'Echt katholiek?'

'Het hangt ervan af aan wie je dat vraagt. Omdat papa en ik tijdens een quakerbijeenkomst zijn getrouwd en omdat wij geen van jullie hebben laten dopen, heeft de Kerk al besloten dat ik dat niet ben. Maar diep in mijn hart denk ik zelf van wel. Ik ben in ieder geval eerder katholiek dan iets anders.'

Ze knikt een paar keer langzaam met haar hoofd. Ze weet dat ik, voordat ik op twaalfjarige leeftijd met mijn moeder meeging naar catechisatie, door joodse grootouders ben opgevoed en dat ik grondig geïndoctrineerd ben door tien jaar lang Christian Science zondagsschool.

'Ik laat het blanco,' zegt Sarah.

'Prima.'

Het personeel van het bedevaartkantoor maakt zich op dit moment meer zorgen om onze lichamelijke veiligheid dan om de toestand van onze ziel, en waarschuwt dat het voor ons, gezien de weersvoorspelling van regen en dichte mist in de bergen, uren te laat is om vandaag nog met lopen te beginnen, aangezien de route door de Pyreneeën 1250 meter stijgt en daalt en er na de Cize-pas geen enkele mogelijkheid is om te stoppen.

'Hoe ver is het precies naar Roncesvalles?' vraag ik de vrouw aan de andere kant van de balie.

'Zevenentwintig kilometer. U dient om zeven uur te beginnen, op zijn laatst om acht uur.' Ze kijkt veelbetekenend naar mijn dochter, waarmee ze me laat weten wat ik allang weet, namelijk dat mijn reisgenoot een kind is. Vervolgens slaat ze als een schooljuf haar armen over elkaar en zet daarmee tot weerstand aan. Als we in St. Jean blijven, zullen we ons gaan vervelen; we zullen de paar straten op en af drentelen, de kleine winkels in en uit lopen, we zullen om de tijd te doden ongetwijfeld nog meer spullen kopen om mee te sjouwen en het weer is de volgende dag misschien niet veel beter.

'Dank u wel voor uw hulp,' zeg ik tegen de vrouw en ik kom overeind en pak mijn rugzak op. 'Dank u zeer.'

Als we de deur uit zijn, kijk ik naar de bergen waarvan de toppen schuilgaan in de wolken en vervolgens naar Sarah.

'Wat vind jij dat we moeten doen?' vraag ik haar. Ze fronst boos naar de deur van het bedevaartkantoor.

'Wat een eigenwijs mens. Wat een mopperkont,' zegt ze. 'Kom op, laten we gaan.'

'Dat vind ik ook.' We kopen plastic poncho's en water en voedsel – de rugzakken zijn nu heel zwaar – en gaan van start. Het is elf uur en ik zit in de rats. Nu al heb ik gedaan wat ik mijn echtgenoot heb beloofd nooit te zullen doen: aan onze tocht beginnen op een dag waarop we te lang zullen moeten lopen, heel laat zullen aankomen en dus in het donker zullen lopen. Nu al heb ik de besluitvorming overgelaten aan een twaalfjarig kind.

Maar aan de andere kant: zij is heel wat praktischer ingesteld dan ik.

De weg gaat steil omhoog het stadje uit, splitst zich af, wordt een geasfalteerd pad, en leidt vervolgens door weilanden en boomgaarden met druipnatte bomen. Het kan niet anders of we missen een aantal spectaculaire vergezichten terwijl we omhooglopen, maar de mist vormt aan de andere kant ook een volmaakte overgang naar dit lopend bestaan.

De mist, lichtgevend en rondwervelend, lost het pad achter en voor ons op en vaagt verleden en toekomst weg. Om de onaardse stilte te verbreken, vertelt Sarah, die de vorige week nog maar net is teruggekeerd van een zomerkamp, hoe een meisje met wie ze een stapelbed deelde haar versie ten beste gaf van een episode uit *The Twilight Zone*. Daarin gaat een man in zijn eentje uit rijden en komt keer op keer dezelfde lifter tegen, hoewel hij hem in zijn auto steeds weer voorbijrijdt. Natuurlijk blijkt uiteindelijk dat de automobilist is gestorven en dat hij zijn leven na de dood is binnengereden zonder zich te realiseren dat hij zijn vorige leven heeft verlaten. Als ik het me goed herinner leek het favoriete thema van *The Twilight Zone* het onvermogen van ons stervelingen om de dood die we met ons meedragen te erkennen. Onder het lopen zie ik de zwart-witte titelbeelden van die tv-serie voor me, mijn grootvaders stoel met de gebarsten leren bekleding waarin ik, weggedoken onder een deken, naar de tv zat te kijken in zijn en mijn grootmoeders sombere, wat haveloze hobbykamer – een kamer die er niet meer is, het huis is weg, met de grond gelijkgemaakt om er een ander huis te bouwen; beide grootouders zijn er ook niet meer.

De route naar Santiago loopt naar het westen, almaar naar het westen, in de richting van de ondergaande zon en van de dood. Eeuwen geleden placht een pelgrim alles wat hij bezat te verkopen, ter voorbereiding op een tocht die hij niet noodzakelijkerwijs dacht te zullen overleven of voltooien, en ontdeed hij zich van alles. Ikzelf zal deze eerste loopdag met mijn dochter niet zover komen als ik had gedacht. Het zal tijdens deze specifieke tocht, zo zal ik ondervinden, bij uitstek gaan over het ontdekken van de gave van het kunnen opgeven.

We praten niet meer en de weg is in het niets opgegaan als we plotseling voor een soort vergezicht komen te staan dat ik met dromen associeer: het hele leven ligt voor onze voeten uitgespreid en waar we staan is het koel en lieflijk en stil; we kijken van een verbazingwekkend grote hoogte op dorpen en weilanden neer. Zijn we werkelijk al zo ver omhooggelopen? Hebben we dit uitzicht, deze verbijsterende schoonheid, stap voor stap verworven? We laten onze rugzakken van onze rug glijden, vouwen een van de plastic poncho's open, leggen die op de grond om ons tegen het natte gras te beschermen en gaan zitten eten wat we in St. Jean hebben gekocht: een knapperige baguette, Hollandse kaas in een omhulsel van rode was, peren, sinaasappels, water. Naast een pomp voor bedevaartgangers, waar we onze waterflessen bijvullen, zien we onze eerste 'karn' of steenmannetje.

'Wat is dat?' vraagt Sarah.

'Gewoon een berg stenen. Mensen leggen er in het voorbijgaan, een voor een, stenen bij.'

'Waarom doen ze dat?'

'Om allerlei redenen. Verschillende redenen voor evenveel verschillende stenen van verschillende pelgrims. Jij kunt er ook een bij leggen, als je wilt.'

Sarah bekijkt de hoop stenen met de haar kenmerkende terughoudendheid. Ze heeft nooit haast om zich bij de massa te voegen.

‘Misschien,’ zegt ze, maar ze doet het niet en ik ook niet.

Later zal ze andere steenhopen aanwijzen: ‘Daar is er weer een,’ zal ze zeggen of, als het een twijfelachtige, slordige hoop is: ‘Is dat er een?’ Soms is er een kruis van twijgjes tussen de stenen gestoken, en we blijven even staan om ze te bekijken, beschouwen het kleurige draad dat de takjes verbindt. We zeggen niets, maar ik denk dat we onafhankelijk van elkaar tot dezelfde slotsom komen: de eenvoud van dit gebaar is een gave die we geen van beiden bezitten.

Dat ene, spectaculaire vergezicht is het eerste en ook het laatste dat we te zien krijgen, het lost in feite voor onze ogen op en dan is er niets anders dan mist om ons heen. We praten niet onder het lopen, maar luisteren naar de mysterieuze muziek die de bellen maken die onzichtbare geiten en koeien om hun nek dragen. Atonaal en met het geluid van een gong klinken ze uit de mist op, soms plotseling van dichtbij, dan weer van heel ver weg, en dat maakt eens temeer duidelijk hoe eenzaam onze tocht is. Aangezien ik vele malen gewaarschuwd was dat het in juli hoogseizoen is op de pelgrimsroute, had ik me voorbereid op – en opgezien tegen – enorme massa’s mensen op het pad, ik had me zelfs iets voorgesteld als een marathon in slowmotion; maar we hebben vandaag niemand gezien.

‘Surrealistisch,’ zegt Sarah ten slotte en gelijk heeft ze.

De zon komt er niet doorheen maar verlicht de mist door en door, zodat wij door een onwezenlijke wolk van licht lopen die ons aan alle kanten omhult. Ik probeer verschillende keren vast te stellen waar de zon zich ongeveer bevindt, maar kan geen stukje van de lucht ontdekken dat lichter is dan de rest. Toch hebben we genoeg zicht om de markeringen van het pad te kunnen vinden: twee rode strepen die de richting aangeven, op boomstammen, op stenen, op ieder oppervlak dat voorhanden is; zo nu en dan een rode 'x' om te waarschuwen voor een misstap. Genoeg licht ook, om de silhouetten van geiten en schapen te kunnen onderscheiden, de bloemen onder onze voeten, het gras en de bomen. Maar er zijn momenten dat we echt moeten zoeken, en goed ook, om een markering te vinden, en dan herinner ik me de waarschuwende woorden weer van het bedevaartkantoor daar in St. Jean.

We komen bij een stenen fontein boven op een heuvel en een gedenkplaat met daarop de tekst, vrij vertaald: ROLAND IS HIER GEVALLEN. Aan weerskanten ervan staat een enorm leger boomstammen, doodstil en waakzaam, en vervolgens zakt de grond in de mist weg. Het was rond het jaar 780 dat Karel de Grote, na een succesvolle krijgstocht om de Saracenen te bedwingen, met zijn voetvolk terugkeerde naar Frankrijk. Hij had Spanje van de ongelovigen bevrijd, gevolg gevend aan de aansporingen van drie visioenen van de heilige Jacobus, die hem goddelijke bijstand beloofde als hij de strijd met de Moren zou aanbinden. Jacobus hield woord: de muren van Pamplona vielen zoals die van Jericho, en er volgden nog andere, onmogelijke overwinningen. De verslagen Saracenen fourneerden het goud waarmee de bouw van een enorme kathedraal in Santiago werd bekostigd. Helaas was de onderwerping van de Moren noch geheel compleet, noch voor altijd. De legers van Karel de Grote werden in de Pyreneeën vanuit een hinderlaag aangevallen en daarbij sneuvelde Roland. De koning raapte het lichaam van de dode held op en droeg het de rest van de weg. De echo van zijn jammerklachten klonk voorwaarts door de eeuwen heen, en lijkt in de mist langs me heen te vliegen, net als het droevige geluid van de bellen van de dieren die we niet kunnen zien.

'Roland is op deze plek gestorven,' zeg ik tegen mijn dochter, die in elkaar gedoken bij de fontein zit, met haar kletsnatte poncho om zich heen getrokken. Ze knikt. Roland is niet meer dan een naam, maar de steen met zijn eenvoudige grafschrift erop is pokdalig van ouderdom en drukt hevige smart uit, genoeg om als voorspelling van ons aller levenseinde te dienen.

'Laten we gaan,' zegt ze, 'laten we maar blijven lopen.'

Het sombere, natte weer, de steile klim, het onwennige gewicht van de rugzakken en de charme van het stadje dat we achter ons hebben gelaten – het warme ontbijt dat we zoveel uren geleden hebben genuttigd –, dit alles stimuleert onze fantasieën over de plek die we naderen. Wat zullen we aan het eind van de 27 kilometer van vandaag te zien krijgen? We lopen bergafwaarts nu, blijven even stilstaan bij een richtingaanwijzer. Er zijn twee routes naar Roncesvalles: de kortste van de twee, ongeveer drieënhalve kilometer, loopt dwars door een beukenbos, terwijl de langste, zes kilometer, over weidegronden leidt.

Sarah laat haar rugzak van zich afglijden en gaat erbij zitten terwijl ik diverse reisgidsen raadpleeg: de boeken die ik van thuis heb meegebracht en ook de gedetailleerdere fotokopieën die we op het pelgrimskantoor hebben gekregen; kaarten die me in de verleiding brengen om het bospad te kiezen, om liever die rechte lijn te volgen en niet de kronkelende, minder efficiënte route door open landschap.

Het is zes uur. Onze voedselvoorraad is op en ons water

ook. De mist is niet wit meer maar grijs met donkerder grijs. Druppels vallen met een onheilspellend geluid uit de bomen omlaag. Ik laat in mijn hoofd het gesprek nog eens afspelen dat ik met mijn man had, een heel wat minder roekeloze ziel dan ik; het gesprek dat erover ging hoe moeheid tot verkeerde beslissingen leidt.

'Vind je niet,' vraag ik Sarah, 'dat het bos er griezelig uitziet?' Ik wijs naar de zwarte boomstammen en het dichte, kletsnatte gebladerte, terwijl de mist in slierten over knoestige wortels naar ons toe komt kruipen.

'Een beetje leeuwen-en-tijgers-en-beren-griezelig?' grap ik, daarmee verwijzend naar Dorothy's bedevaart naar Oz, zoals ik tijdens deze tocht vaker zal doen.

Ze haalt haar schouders op. 'Laten we de kortste weg maar nemen,' zegt ze.

'Nou, ik weet 't niet.' Ik schud langzaam mijn hoofd, staar als gebiologeerd voor me uit. Hoe kan het bestaan dat een twaalfjarige niet bang is, terwijl ik het meest sinistere bos voor me zie dat je je maar kunt voorstellen? Boomtakken die hun grijpgrage klauwen naar Sneeuwwitje uitstrekken waardoor ze in paniek raakt en nog verder de duisternis in vlucht; de bomen vol vampiers in *Bezeten Stad*, het troosteloze woud uit *De Hel* – Walt Disney, Stephen King, Dante. Ga terug, waarschuwen ze allemaal, en ik kan niet anders dan het met hen eens zijn.

'Sorry,' zeg ik, 'ik denk dat we de langste weg moeten nemen.'

We rapen onze rugzakken van de grond en zeggen flinke dingen over wat een klein eindje het eigenlijk maar is: zes kilometer, en dat de weg omlaag gaat en niet omhoog, dat we heel gauw – over niet meer dan uur – op onze bestemming zullen zijn.

Het is ons de hele dag opgevallen dat als het pad van de smalle bergweg afweek, er met grote fijngevoeligheid ten aanzien van de behoeften van hen die te voet gaan markeringen waren aangebracht: niet te vaak zodat het kleinerend zou zijn, niet te weinig waardoor er ongerustheid zou kunnen ontstaan. Gewoon precies op het moment waarop we de bevestiging nodig hadden dat we niet van het pad waren af geraakt, zagen we een boomstam of een rotsblok waarop de rode strepen stonden aangegeven. Nu, in het halfduister, raken we het pad plotseling kwijt. We lopen in wijde cirkels over het weiland waarlangs we afdalen, beiden voorovergebogen op zoek naar een streep rode verf op een van de enorme stenen die boven het gras uitsteken, maar we vinden er geen. Hoe ondraaglijk het ook is om op onze schreden te moeten terugkeren nu we zo moe zijn en zo verschrikkelijk graag willen aankomen op de plek waar we een nacht zullen kunnen slapen, toch keren we om en proberen onze voetsporen terug te vinden, om te ontdekken dat we door onze eigen cirkelgangen verslagen zijn.

‘Oké,’ zeg ik, toch mijn kalmte verliezend. ‘Oké. Oké. Laten we maar gewoon recht omlaag blijven lopen. Dan komen we op een weg uit, dat kan niet anders, en dan zal die weg ons naar de stad leiden.’

Sarah knikt, zegt niets. Nadat we een paar minuten hebben gelopen, merken we dat we per ongeluk op het achtererf van een boerderij zijn beland: een omheind stuk grond vol met geiten, een man in overall.

‘Hallo,’ zeg ik en de man kijkt op.

'Pas de pélerins,' zegt hij terug.

'Ik heb geen logies nodig,' zeg ik, dankbaar dat ik tegen iemand kan praten, al is het in mijn onbeholpen Frans. 'Ik wil alleen weten of u me misschien kunt wijzen waar de weg is.'

Hij zegt niets.

'Nous sommes perdues,' voeg ik eraan toe en ik geniet bijna van de dramatiek van die mededeling. We zijn verdwaald.

Hij glimlacht, knikt.

'Visibilité très mauvaise,' zegt hij en wijst ons, snel en voor mij onverstaanbaar sprekend, de weg.

'Je ne comprends pas,' onderbreek ik hem telkens als hij even ophoudt met praten, en ik voel me ontmoedigd, vernederd, stom. En dan begint hij, wijzend, weer te praten.

'Ik kan gewoon niet meer zien waar ik heen moet,' leg ik uit. *'Et je suis avec ma fille. Nous sommes fatiguées.'* Ik ben met mijn dochter en we zijn moe. Hij kijkt me geruime tijd aan, laat vervolgens zijn arm zakken en roept iets naar een andere man die ik niet heb opgemerkt en die tegen een vrachtwagen geleund staat die naast de schuur is geparkeerd. Ze praten snel met elkaar in zachte, dringende bewoordingen die ik niet begrijp, en de man haalt zijn schouders op en stapt in de vrachtauto. Hij rijdt het pad op waar we staan, houdt voor ons stil en stapt uit. Dan loopt hij om naar de andere kant van de cabine, doet het portier open en duwt een stapel rommel opzij.

'Merci,' zeg ik en kijk naar Sarah, die nog maar heel recent grondig is onderwezen in de slechtheid van de wereld, nog maar twee dagen geleden ter voorbereiding van deze tocht allerlei waarschuwingen heeft meegekregen: 'Blijf bij je moeder,' zei haar vader, 'en praat niet met vreemde mannen' – dit ondanks mijn bezwerende verklaring: 'Zo is het daar niet. Ik

ben al eerder op dat pad geweest en het is er veilig. Je weet toch dat ik haar niet ergens mee naartoe zou nemen als het er niet veilig was.'

Er verschijnt heel even een angstige uitdrukking op Sarah's gezicht en ik zie daarin een berekening, een beoordeling van mij, haar moeder: te goed van vertrouwen, te naïef.

'Kom op,' zeg ik en weerspreek daarmee jaren van programmering en dwing haar juist datgene te doen wat ieder kind wordt gezegd nooit te doen: bij een vreemde in de auto stappen. 'Het is oké.'

De man slaat het portier dicht, loopt om de voorkant van de auto.

'Ik weet dat dit griezelig is, maar het is oké,' zeg ik nogmaals tegen Sarah tijdens de paar tellen dat we alleen zijn in de cabine. 'Dat zweer ik je.'

Ze knikt, kortweg, haar gezicht afgesloten voor mijn vorsende blik. Ik probeer me de gedachten voor te stellen die achter haar ogen spelen; geen daarvan is geruststellend. De man stapt in en begint te rijden. In het licht van de koplampen springt de weg uit de mist te voorschijn. Een weg vol kronkels en bochten, die mijlen langer lijkt dan ik uit de kaarten heb opgemaakt; maar iedere keer dat ik me de man probeer voor te stellen als een mogelijke aanrander, herinner ik mezelf eraan dat we uit de mist zijn aan komen lopen en om hulp vroegen. Hij heeft niet achter ons aan gezeten, maar heeft met een hoofdknik gereageerd op onze hulpvraag.

'Roncesvalles,' kondigt hij plotseling aan en zet de auto met een schok stil. Hij stapt uit om de deur aan onze kant open te doen en dan laat ik me, achter Sarah aan, naar buiten glijden.

'*Merci. Merci. Merci beaucoup beaucoup.*' Ik klem zijn hand met overspannen dankbaarheid in de mijne, moet me inhouden om hem niet te omhelzen omdat hij is zoals ik wilde dat hij zou zijn: een vriendelijke onbekende, het tegengif voor het leven in New York, waar we onze kinderen moeten leren achterdochtig te zijn. Hij knikt en kijkt van me weg, gegeneerd door de verhitte heftigheid van mijn hand.

'Roncesvalles,' zegt hij nogmaals en wijst naar een armzalig groepje gebouwen.

We hebben vandaag elf uur gelopen, we zijn weinig andere wandelaars tegengekomen en we hebben bijna niets van de route gezien die we hebben afgelegd. Sarah en ik hebben onderweg, ieder voor zich en samen, zonder een woord te zeggen en ook hardop, over deze stad gefantaseerd. We hebben ons een voorstelling gemaakt, niet alleen van een refugio, een bed en een maaltijd, maar van een waar paradijs van winkels en twinkelende lichtjes, een keur aan restaurants en herbergen, zowel een fotocabine als een telefooncel, de stem van man en vader, een open haard en een glas rode wijn, tijdschriften en MTV en een overvloed aan warm water en mollige handdoeken: een opeenstapeling van weldadigheden om alle uren van nattigheid en kilte te verdrijven. Maar wat we vinden is geschiedenis: een oud pelgrimshospitium waar velen hebben geleden en velen zijn gestorven, een stenen kerk die bijna in de grond zakt onder het gewicht van eeuwen van smeekschriften, het graf van een koning en een graansilo van een andere koning, een slagveld, een klooster.

'Waarom staat alles hier in het Spaans op de borden?' vraagt Sarah, terwijl ze naar een poster kijkt waarop een concert van koormuziek wordt aangekondigd.

'Nou,' zeg ik, 'we zijn in Spanje.'

‘Sinds wanneer zijn we dan in Spanje?’

‘Sinds een eind terug ergens. Ik denk ongeveer daar waar we probeerden te beslissen welk pad we moesten volgen. Die paal met richtingaanwijzingen in het bos.’

‘Maar,’ zegt ze, een kind dat vertrouwd is met de overdreven markeringen van de grenzen tussen de diverse staten van de VS: ‘*Welcome to the Keystone State!*’ Haar stem klinkt scherp van teleurstelling. ‘Maar ik had heel even met één voet in Frankrijk en één voet in Spanje willen staan.’

‘O,’ zeg ik. ‘Dat spijt me, lieverdje, ik denk, nou ja, ik veronderstel dat ik daar niet erg op gelet heb.’

Mijn dochter kijkt me aan, door de uitdrukking van teleurstelling op haar gezicht lijkt ze plotseling jonger.

‘Bovendien,’ zeg ik, ‘je hébt natuurlijk met een voet hier en de andere daar gestaan. Op een gegeven moment heb je de ene voet in het ene land en de andere in het andere gehad.’

‘Ja, maar dat wist ik niet.’ En dus, zo maakt haar frons me duidelijk, is het niet echt gebeurd. Dringt er buiten ons bewustzijn wel iets tot ons door?

De ene teleurstelling volgt op de andere; de grootste is het eten. Bij Hotel La Posada, het enige hotel in Roncesvalles, met zijn kille, spaarzaam gemeubileerde kamers en bokkig personeel in het restaurant, moeten we tot negen uur wachten voor er een tafel voor ons is, en dan is het voedsel dat ons wordt voorgezet te ver doorgekookt en verschrikkelijk zout. Sarah, die vegetariër is, prikt met haar vork in de brokken op haar bord en onderzoekt ze stuk voor stuk met een duistere blik.

‘Dessert?’ vraag ik en ze trekt een gezicht.

‘Laten we maar naar bed gaan.’

Donderdag, 25 juli 2002, 6.00 uur 's ochtends, Roncesvalles.
Ik word in een toestand van totale vervreemding en angst wakker uit een heldere droom waarin ik een conferentie bijwoon die plaatsvindt in een vesting te midden van een uitgestrekt, leeg landschap. Daar ontmoet ik een schrijfster die precies op me lijkt. We komen elkaar tegen in een lange gang met dichte deuren, we hebben beiden een armvol boeken bij ons, stuk voor stuk door mij geschreven. Ik zie mijn gezicht tenminste op de stofomslag van de boeken die zij bij zich heeft. Terwijl we elkaar staan aan te staren, raak ik het vermogen kwijt om uit te maken wie van ons de echte mij is. Nadat ik deze vreemdeling heb duidelijk gemaakt wie ik ben, getuige de boeken die ik bij me heb en die door mij zijn geschreven, realiseer ik me dat dit geen enkel bewijs vormt. De boeken in haar armen heb ik immers ook geschreven.

Ik sta op en was mijn gezicht boven de wasbak. Terwijl ik daarmee bezig ben, herinner ik me dat een van de dingen die ik in een pelgrimstocht waardeer, de heftige schok is van een ervaring die ons losmaakt van luxe en vertrouwdheid en samenhang, al de gewoontes waarvan we niet wisten dat we ze zo op prijs stelden. Wat je doet – de ene voet voor de andere zetten – is op zich niet dramatisch, maar het kan je innerlijk compleet op zijn kop zetten. Ik probeer mijn angstige voorgevoelens te sussen door onze kleren te sorteren en op te vouwen en door nog weer een paar dingen te selecteren die weg kunnen. Merkwaardig genoeg draag ik mijn onvoltooide roman met me mee, hoofdstukken die ik heb uitgeschreven en hoofdstukken die ik in grote lijnen op indexkaarten heb gezet. Ik weeg de zware envelop op mijn hand. De pagina's staan thuis op diskette, zowel op de harde schijf van mijn computer als op back-up floppies, en toch kan ik mezelf er niet toe brengen ze achter te laten. Wat als zich tijdens deze tocht een volmaakte zin zou voordoen? Is dit de reden eigenlijk niet waarom ik deze weg afleg, met als eindbestemming die ene sublieme zin: woorden waarop ik mijn leven lang al heb gewacht, woorden die in mijn dromen op al mijn vragen antwoord geven, me van iedere pijn verlossen? Het mag me niet onvoorbereid overkomen, zonder dat ik de juiste bladzij bij me heb waarop ik de wonderbaarlijke gave kan invoegen. Ik stop de grote envelop terug in mijn rugzak.

Sarah slaapt en ze zou vast nog veel langer blijven slapen, maar ik maak haar wakker. We zijn nog maar twee dagen onderweg en er is al een patroon ontstaan: ik word om zes uur wakker, vouw en hervouw kleren, pak in, ijsbeer en staar voor me uit, sorteer en pak opnieuw in, en dan, als ik echt niet meer kan wachten, ga ik naast haar op bed zitten en roep haar naam. Zachtjes raak ik haar handen, haar voeten aan.

'Hé,' zeg ik. 'Hallo. We moeten weer op pad.'

'Waar zijn de foto's?' vraagt ze gapend, aangekleed en klaar voor het ontbijt.

'Welke foto's?'

'Die foto's van mij. Die uit de fotocabine.'

'Je had ze gisteravond nog.'

'Ja, maar nu niet meer.' Ze kijkt onder het bed en als ze weer van de vloer opstaat, is ze duidelijk verontrust.

Hoe kan zij – hoe kunnen wij – die onbetaalbaar mooie foto's zijn kwijtgeraakt? Foto's die niet alleen maar mooi waren, niet flatteus maar precies goed, omdat ze zichzelf erin herkende, de Sarah zag die ze wilde zien. We doorzoeken de kamer grondig; ik ontvouw en hervouw, laat de bladzijden van ieder boek en tijdschrift wapperen.

'Hebben we ze misschien in de eetzaal laten liggen?' We waren gisteravond zo moe, misschien heeft ze ze niet meer van tafel gepakt nadat ze ze opzij had gelegd om te gaan eten.

We gaan onze kamer uit, doen de deur op slot, lopen langzaam door de halfduistere gang en over de nog donkerdere trap naar beneden, kijken in alle hoeken en gaten. In de eetzaal vragen we er de serveerster naar, dezelfde die ons gisteren ons eten bracht, en ik ga zelfs naar de keuken en naar de bar. Gebruikmakend van drie talen en wat gebaren, vertel ik iedereen die bij La Posada werkt dat we een paar foto's kwijt zijn en dat we die heel graag terug zouden willen hebben.

Terug aan tafel smeer ik jam op koude toast. 'Misschien heeft iemand ze gevonden en vond diegene ze zo mooi, dat hij ze wel moest houden,' zeg ik en daarbij voel ik me een beetje akelig, want ik heb een wat al te duidelijk beeld voor ogen van een Spaanse Humbert (uit *Lolita* – vert.) met mijn dochters gezicht gevangen in zijn portefeuille.

Sarah trekt haar schouders op. Ze neemt kleine slokjes van haar warme chocolademelk en kijkt van me weg. Ze zal het zich niet toestaan om dit verlies te gaan huilen; huilen is niet wat de onkwetsbaar koele en mooie nimf van die foto's zou doen.

We eten de laatste stukjes geroosterd brood op en gaan terug naar onze kamer, waar ze op het bed gaat zitten.

'Ik denk echt dat we nu op pad moeten gaan,' zeg ik. 'Ik weet dat je het heel erg vindt dat we ze kwijt zijn, en ik niet minder, maar we kunnen er niet naar blijven zoeken.'

'Dat weet ik, dat weet ik.'

En weer lopen we langzaam door de schemerachtige gangen; en dan zijn we buiten waar de zon helder schijnt, ieder nat blaadje flonkert en schittert als om ons te zeggen dat we de dingen toch vooral in de juiste proporties moeten blijven zien. Schoonheid is er in overvloed.

In Roncesvalles zijn geen winkels waar we eten en drinken voor onderweg kunnen kopen en dus gaan we van start met alleen wat pinda's, snoep en een fles water bij ons. Zal er in de volgende plaats een supermarkt zijn? Hoe ver weg langs de route ligt de volgende plaats? De volgende pomp met drinkbaar water? We praten met de man in het piepkleine vvv-kantoor en vervolgens met iedereen die we onderweg tegenkomen, en de onderwerpen van gesprek zijn altijd hetzelfde: informatie die het meest waardevolle ruilmiddel blijkt te zijn. Dit geldt natuurlijk altijd wel, maar het is interessant te merken hoe de vragen verschuiven van: welk boek je moet lezen, welk aandelenfonds je in de gaten moet houden, welk voorstel je moet steunen, naar: waar kunnen we water, voedsel en onderdak vinden?

De weg vormt de scheidslijn tussen bos en weide, en hij is door eeuwen van wandelaars diep in de aarde uitgesleten, hier en daar zakt hij zo ver weg dat het een diepe, groene geul wordt met het omliggende landschap zo hoog boven ons dat we er niets van kunnen zien.

'We zijn precies op elkaar afgestemd,' kondigt Sarah na een lange stilte aan. Ik sta op het punt haar te vragen in welk opzicht, als ik haar aankijk en zie dat haar ogen op onze voeten gericht zijn. 'Ik deed 't er niet om – ik heb juist niet geprobeerd mijn stappen te veranderen om ze aan de jouwe aan te passen,' zegt ze. 'We zijn gewoon heel geleidelijk precies in de pas gaan lopen.' Ze glimlacht en ik lach stralend terug; wat een vreugde schuilt er in dit stukje samengaan – in meer dan één betekenis. Het is een grindpad waarop we lopen, wat een plezierig gekraak veroorzaakt en het geluid van iedere voetstap versterkt. Onze twee paar voetstappen zijn soms niet meer van elkaar te onderscheiden, raken uit de pas en gaan dan weer in elkaar over, als een soort muziek.

'Als ik aan het joggen ben,' zeg ik, 'vind ik dit soort parcours het prettigst. Ik vind het fijn om mijn voeten te horen neerkomen, het ritme daarvan.'

'Vind ik ook,' zegt Sarah. Ze houdt de rode markeringen in de gaten, vaak ziet ze ze eerder dan ik, en is trots op haar scherpe blik.

In Burquette kopen we brood en snoep bij een bakkerij, en kaas, fruit, yoghurt en een telefoonkaart bij een kleine supermarkt. Sarah zit op een bankje terwijl ik in de publieke telefooncel met de telefoon worstel. De kaart van twintig euro doet het niet – dat kan ook aan mij liggen –, maar mijn creditcard wordt na een paar pogingen geaccepteerd. Ik hoor mijn mans slaperige stem, zeg de jongere kinderen, Walker en Julia, gedag en geef dan de telefoon aan Sarah. Ik ben benieuwd of ze haar vader over de rit in de vrachtauto zal vertellen, maar dat doet ze niet.

'Ja, hoor,' zegt ze. 'Ja, dat doe ik.'

Ik doe *wat,* vraag ik me af. Genieten? Het fototoestel gebruiken? Voorzichtig zijn?

‘We kunnen vandaag of in Zubiri of in Larrasoaña stoppen,’ zeg ik als we weggaan uit Viscarret. Het is even over twaalven; we hebben volgens de routebeschrijving twaalf kilometer afgelegd. Het is nog weer negen kilometer naar Zubiri en veertien naar Larrasoaña.

‘Larrasoaña,’ zegt mijn dochter en ze zegt het nog eens als we Zubiri op een afstand van twee kilometer aan de andere kant van de snelweg zien liggen. Deze twee volle dagen wandelen hebben ons totaal tot het voetpad bekeerd en waar mogelijk mijden we het contact met – en bewustzijn van – wegen met hun voortrazende auto’s en vrachtwagens: een parallel en wezensvreemd universum.

‘Weet je ’t zeker?’ vraag ik.

‘Ja, ik weet ’t zeker.’

De resterende kilometers van vandaag zijn lelijk en weinig inspirerend. Het pad gaat via een betonnen duiker onder de weg door, loopt vervolgens over een asfaltweg, verdwijnt dan in de bossen en blijft in de buurt van de zuidelijke oever van de rivier de Arga waarvan we het water rechts van ons kunnen horen borrelen en kolken, maar die we vrijwel niet te zien krijgen. We hebben vandaag al tien uur gelopen, we zijn moe genoeg om geen enkele moeite te doen om Zubiri’s Brug van Rabies te bewonderen. De brug waaronder de plaatselijke bevolking zijn vee pleegt samen te drijven, zoals ze dat al eeuwenlang heeft gedaan. Drie keer rond de middelste pijler van de brug en het vee geneest van de gevreesde ziekte of wordt er niet door getroffen, bescherming die wordt geboden door de relikwieën van de heilige Quiteria, die in een van de bruggenhoofden zijn ingemetseld.

‘Ik denk dat we de verkeerde beslissing hebben genomen,’ zeg ik tegen Sarah, die glimlacht.

‘Ja,’ zegt ze opgewekt, suf van moeheid. ‘Dat denk ik ook.’ In de verte, aan de overkant van de nog steeds zichtbare snelweg, is een bar of restaurantje en onder het lopen proberen we de naam te lezen die op het uithangbord staat. We stellen ons het heerlijke eten voor dat ze daar misschien wel en waarschijnlijk niet serveren, maar het is te ver van ons vandaan, we kunnen de letters niet ontcijferen.

‘Veel verder kan het niet meer zijn,’ zegt de een om de andere kilometer ter geruststelling tegen de ander, en we raadplegen de routebeschrijving in de reisgids, we zoeken ons een weg in de tekst zoals we ons tegelijkertijd een weg zoeken over een droge heuvelflank bedekt met kleine stenen. Waar is de rivier? Waar is de rivier? Ergens is het geluid van water te horen – of is het het geruis van de wind door dorre bladeren? Het feit dat we niet kunnen zien wat we horen, maakt de desoriëntatie van het langdurige einde van deze tweede dag des te voelbaarder. Eerder al hebben we afstand gedaan van twee poncho’s, twee romans, een kaart en een flesje handcrème, en we hebben al ons water opgedronken – waarom blijven onze rugzakken dan zo verpletterend zwaar?

We komen uit het bosschage tevoorschijn en zien niet alleen de rivier, maar ook de Roversbrug (genoemd naar diegenen die de pelgrims in een hinderlaag opwachtten op al dergelijke plaatsen waar rovers en dieven in het voordeel zijn), die regelrecht toegang geeft tot de hoofdstraat van Larrasoaña waar de kerk hoog boven uittorent. Vlak bij de ingang van de kerk zit een jonge vrouw in een Engels boek te lezen. Ik laat me op de bank naast haar neervallen, te moe voor beleefdheden, en laat de rugzak van me af glijden. Sarah, van nature gereserveerd – een kind dat eigenlijk nooit hoefde te worden gewaarschuwd wat vreemden betreft – blijft op anderhalve meter afstand staan.

'Is er ergens een gelegenheid waar we kunnen overnachten?' vraag ik zonder enige inleiding vooraf.

'Er is een refugio,' antwoordt de vrouw.

'Restaurant?'

'Een bar.'

Ik knik. 'Welke kant op naar de refugio?' Er is maar één straat, maar die loopt in beide richtingen en we hebben de energie niet meer om de verkeerde kant op te gaan. Ze wijst naar links.

'Bedankt,' zeg ik, en ik sta op en hijs mijn rugzak op mijn rug. Dan draai ik me naar haar om.

'Hij is toch niet vol, hè?' Ze haalt haar schouders op.

De pelgrimsrefugio van Larrasoaña wordt gerund door de burgemeester van het stadje, een man wiens naam Santiago is en wiens naamdag – nog onwaarschijnlijker – precies vandaag is en die vanavond wordt gevierd met wijn en koekjes (zo krijgen we te horen van andere Engelssprekende pelgrims die bij de ingang rondhangen). Het is misschien vanwege deze heuglijke dag dat hij met groot enthousiasme onze namen in zijn gastenboek opneemt en onze credenciales met veel zwier van een stempel en een handtekening voorziet. Zoals duidelijk moet blijken uit mijn verontschuldigend hoofdschudden en herhaald *no comprendo,* kan ik geen gesprek voeren in het Spaans, maar Santiago is een van die mensen die een probleem te lijf gaan als een opgewekte stormram: erop los hamerend op datgene waarvan hij denkt dat het misschien eerder koppigheid dan onwetendheid is. Hij praat en praat maar door, en ziet maar niet in dat ik hem met geen mogelijkheid kan begrijpen – wat hij ook zegt of doet.

In zijn kantoortje in de refugio hangen foto's van Santiago in zijn jongere jaren, toen hij nog een wandelaarsleven leidde. Hij heeft de hele route kennelijk op zijn minst drie keer afgelegd, getuige zijn in plexiglas verzegelde credenciales, die te kijk hangen onder foto's van een asceet in monnikspij met een staf in de hand. De oudtestamentische baard maakt het moeilijk deze beelden in verband te brengen met de gladgeschoren, gezette en vaderlijke man die van de andere kant van de kamer naar ons zwaait. Toch is hij het.

'Camera! Camera!' blijft hij aandringen, en ik haal onze kleine, automatische camera tevoorschijn, denkend dat hij aanbiedt een foto van mijn dochter en mij te maken, maar nee: hij wil dat wij een foto van hém maken en naar hem opsturen als de film eenmaal is ontwikkeld. Hij drukt me zijn visitekaartje in de hand, mijn vingers eromheen vouwend, en geeft Sarah er ook een. Misschien is het omdat hij nu oud is en zelf geen grote afstanden meer loopt, dat zulke aandenkens een plaatsvervangende kracht hebben gekregen, want overal in het kleine vertrek hangen foto's van hem en zijn gasten in de refugio. Gebruikmakend van de paar onhandige halve woorden Spaans die ik spreek en van gebarentaal, beloof ik hem wat hij vraagt: een afdruk van beide foto's, die welke door Sarah is gemaakt van Santiago en mij, staande onder zijn rode vlag met gouden kroon, en die ik heb genomen van Santiago en Sarah.

Ik ben bezig de camera weg te stoppen, als er aan de deur wordt geklopt en een man binnenkomt die iets te vragen heeft. Als hij is uitgepraat met Santiago en zich omdraait om weg te gaan, vraag ik: 'Spreekt u Engels?'

'Een beetje.'

'Is er eten te krijgen hier in de stad, een restaurant?'

'Een pelgrimsmenu een eindje verderop in de straat,' zegt hij en wijst. 'Er is maar een bar. Die kunt u niet missen.'

Ik bedank hem. 'Hoe laat beginnen ze met serveren?' bedenk ik nog net op het moment dat hij de deur uit gaat.

'Acht uur.'

Het geluk is met ons – het soort geluk dat mij bij ieder bezoek aan Spanje heeft beschermd: de enige twee slaapplaatsen in de refugio die nog vrij zijn, bevinden zich in een apart kamertje. Een kamertje privé voor ons beiden, zodat datgene ons bespaard blijft waar Sarah bang voor was: een slaapzaal vol, niet met jongeren zoals tijdens het zomerkamp, maar met onbekende volwassenen. Er is geen privé-badkamer, geen televisie, er zijn geen handdoeken en geen stoelen, alleen een vloer en twee veldbedden en stapels doorzichtig plastic kledingzakken vol met – hoe bizar – Halloween- en carnavalskostuums. Ik blijf er een paar minuten naar staan kijken, gefascineerd door deze onverwachte schat aan vermommingen opgeborgen in een kale kamer, aan een straat geplaveid met kinderkopjes, halverwege een tocht die met heel andere bedoelingen is ondernomen; namelijk met het doel zich juist van allerlei omhulsels te ontdoen. Ik blijf ernaar staan kijken en er komt een gekke gedachte bij me op: de mensen die door dit stadje zijn getrokken hebben er hun valse zelf achtergelaten, ze hebben die kleren uitgetrokken, ze opgevouwen en ze hier gelaten, een groter wordende stapel voor de volgende wandelaar om te bekijken en te overpeinzen.

'Curieus,' zegt Sarah vanaf een van de veldbedden.

'Nogal, ja.'

Boven op de kostuums ligt een stapel opgevouwen dekens en lakens en ik maak de kleine bedden op. We gaan liggen wachten tot het etenstijd is. 'Ik denk,' zeg ik, op mijn rug liggend met mijn voeten omhoog, 'ik denk dat ik mijn schoenen maar niet uittrek, want dan moet ik ze straks weer aandoen en het zou kunnen zijn dat ik dat niet meer opbreng.'

'Eh-hm,' zegt Sarah afwezig van achter de ietwat gehavende voorplaat van een *Teen Vogue*. Ondanks het feit dat die tijdschriften met elkaar nogal wat wegen en ondanks mijn weigering om een deel van deze last te dragen, sjouwt ze diverse juniorversies van de meest gangbare modebladen met zich mee: *Elle Girl*, *Cosmo Girl*, *Seventeen*, en andere. Zomerkamp is voorbij, school komt akelig naderbij. Sarah gaat naar groep 7 en begint aan een ware lijdensweg van onzekerheid en verlegenheid. Ze bestudeert de glanzende reclamefoto's met de gespannen concentratie van iemand die zich op een belangrijk examen voorbereidt – en dat is niet ver van de waarheid.

Ik sta op om naar de kledingzakken te kijken. Ik zou ze graag openmaken, zou de lovertjes, de veertjes, de fluwelen garneringen willen aanraken, maar de zakken zijn tegen dit soort overtredingen beveiligd: alle ritssluitingen zijn voorzien van een zilveren hangslotje.

Hongerig lopen we om precies acht uur de kroeg in en zien dat de drie lange tafels al praktisch helemaal bezet zijn: op de banken zitten mannetje-aan-mannetje de mensen die in onze refugio logeren, inclusief de jonge vrouw die ons bij de ingang van de kerk de weg heeft gewezen. Ze schuift een eindje op om plaats te maken voor Sarah op het puntje van de bank en ik ga op de plek tegenover haar zitten. Op een bord boven de kleine bar staat een pelgrimsmenu voor tien euro; een maaltijd van twee gangen, drinken en een dessert. Als het gisteravond in Roncesvalles al niet duidelijk was, dan is het dat nu wel: Spanje is geen land voor vegetariërs. We ploeteren ons door het beperkte menu heen met hulp van de jonge vrouw wier naam ik niet vraag omdat ze die zelf niet noemt, zelfs niet nadat ze onze namen heeft gehoord. Net als de man die ons een lift gaf in zijn vrachtwagen, blijkt ook zij van onschatbare waarde te zijn en ziet kans de kok van het eethuis ertoe over te halen voor Sarah een omelet en gebakken aardappelen te maken.

'Woon je in de Verenigde Staten?' vraag ik haar. Nee, ze komt weliswaar uit Wisconsin, maar ze woont in Valladolid en geeft Engelse les.

'Aan volwassenen of aan jongere mensen?'

'Aan iedereen,' zegt ze. 'Oude mensen, kleuters. Ik vind het heerlijk om te doen,' voegt ze eraan toe en ik knik. Ze heeft een mager, getekend gezicht, ze ziet er niet uit of ze erg gelukkig is, maar haar trekken ontspannen zich en ze wordt bijna knap, als ze gesprekken tussen de tafelgenoten vertaalt, waarmee ze het ons mogelijk maakt onze ervaringen met elkaar te delen: de plaatsen waar we onze tocht begonnen zijn, hoeveel van de totale weg we hopen af te leggen en onze leeftijden.

'*Doce*,' vertelt ze iedereen, Sarah is twaalf. Iedereen knikt waarderend; een vrouw heft haar glas wijn en Sarah kromt haar schouders van verlegenheid. Maar die toast doet mij deugd, ik vind het fijn te merken dat het ook voor onbekenden duidelijk is dat mijn dochter een van de heel weinigen is die het op twaalfjarige leeftijd op zo'n tocht zouden volhouden. Als ik mijn glas ophef, ben ik me ervan bewust – zoals ik me dat thuis niet ben geweest – dat ik er ineens zoveel meer op vertrouw mijn dochter goed genoeg te kennen om te durven wedden dat ze deze weg met mij zou kunnen en willen meelopen, zonder klagen, openstaand voor alle ervaringen, voor de vervreemding, de heroriëntering. Ik hoop dat ze dit alles goed zal kunnen gebruiken, nu ze op de drempel staat van de adolescentie en er op de weg van kind-zijn naar volwassenheid grondige aanpassingen van haar zullen worden gevraagd.

~

Als we weer boven zijn in de refugio, nadat we Santiago's wijn en koekjes en lawaaiige feestliederen hebben weten te omzeilen, merken we dat het in onze afwezigheid koud is geworden in onze kamer. Ik zoek nogmaals tussen de stapel beddengoed, totdat ik voor ieder van ons een dikke wollen deken vind. Ik stuit op een schoon laken dat tot een soort zak is genaaid en die geef ik aan Sarah. 'Hier,' zeg ik, 'dan kriebelt de deken niet zo.' Sarah laat zich in de witte rechthoek glijden, net als een brief in een envelop peins ik en dat doet me plotseling denken aan een briefje dat de heilige Theresa van Lisieux aan haar zuster Pauline schreef. Zich verontschuldigend voor het feit dat ze zo geheimzinnig heeft gedaan over haar slechte gezondheid (ze was 23, had tuberculose en was stervende), verzekerde Theresa haar oudere zuster dat wat ze haar ook mocht hebben onthouden wat betreft de 'envelop', haar lichaam, de 'brief' die erin zit, haar ziel, aan Pauline toebehoorde.

'Lopen mensen de weg ook wel omgekeerd?' vraagt Sarah met gesloten ogen.

'Dat weet ik niet,' zeg ik, de vraag verkeerd interpreterend en me een pelgrim voorstellend die achterstevoren lopend naar het westen gaat, met zijn gezicht naar de weg gekeerd die hij net heeft afgelegd in plaats van naar de stappen die hij nog moet zetten. 'Misschien dat iemand dat wel eens heeft gedaan, als een soort boetedoening.'

'Waarom zou dat een boetedoening zijn?' vraagt Sarah na een korte stilte.

'Nou, ik weet niet – als je niet ziet waar je heen gaat, maakt dat 't wel moeilijker.'

Ze lacht. 'Mam,' zegt ze, 'ik bedoelde in Santiago beginnen en dan deze kant op lopen, tegenovergesteld aan onze richting.'

'O, dat weet ik niet. Ik denk van niet.' Merkwaardig genoeg valt het me moeilijker me voor te stellen oostwaarts te lopen, in de richting van de opkomende zon en de geboorte, dan westwaarts met mijn gezicht afgewend van de ondergaande zon en de dood, het helder brandende vuur van de wagen van de zonnegod die sissend in de golven zakt.

Moe en gespannen van deze lange dag, ben ik meer dan anders afgestemd op het thema dat me zozeer bezighoudt: sterfelijkheid, de onmogelijke en onontkoombare waarheid van het menselijk bestaan. Hoe is het mogelijk dat we zielen zijn die gevangen zitten in een omhulsel van vlees; geesten verbonden aan materie? Die lichamen van ons, die ons alle genoegens en zintuiglijke waarnemingen verschaffen, laten ons in de steek; ze gaan achteruit, ze worden oud en sterven. Is dat niet de reden waarom we deze weg afleggen – om ons voor te bereiden op de afschuwelijke waarheid die we kennen en toch niet kunnen geloven? En ik heb deze keer de inzet verhoogd, denk ik, terwijl ik naar mijn eerstgeborene kijk die ligt te slapen. We huilen bij de geboorte van onze kinderen, moeders zowel als vaders, deels omdat het de dood is die we ter wereld brengen – wezens van wie we evenveel houden als van onszelf, nee, meer zelfs, omdat we ze als zuiverder, onschuldig en kwetsbaar beschouwen. En toch is het vlees van ons vlees onverbiddelijk op weg naar dezelfde eindbestemming.

Hoe vaak gaan wij als ouders niet zonder meer akkoord met de meest trieste en ultieme ruil, zelfs als die niet van ons wordt gevraagd? Mijn leven voor het hare; neem mij, niet mijn kind; neem mijn nier, mijn long, een deel van mijn lever – geen prijs is immers te hoog? Ik kijk hoe Sarah zich omdraait in haar slaap en daarmee het laken om haar benen heen draait, dat wel iets weg heeft van een lijkwade. Ik kan die aanblik niet lang verdragen. Ik vouw een van de dikke dekens open en leg die over haar lichaam heen. En daarmee verander ik een toekomstbeeld weer in een jong meisje.

TWEE

Vrijdag, 26 juli 2002, 5.30 uur 's ochtends, Larrasoaña.

De dagen van juli zijn lang, de zon tot negen uur aan de hemel en de volgende dag voor zessen weer op. Buiten het raam van ons slaapkamertje waaieren zonnestralen tussen de bomen uiteen en verlichten een lieflijk tafereel: paarden en schapen in kleine omheiningen, heuvels en beken, een ongecompliceerd vergezicht. Om zes uur is de refugio al bijna helemaal leeg; de pelgrims zijn vroeg op pad gegaan om de middaghitte te vermijden. Ik neem een koude douche en droog me in het geniep snel af aan een handdoek die naast de wasbak hangt. Ik ben een kieskeurige gebruiker van andermans spullen: ik ruik eerst even aan de handdoek.

Bij het eethuis waar we de vorige avond ook hebben gegeten, nuttigen we datgene wat ons standaard ontbijt is geworden: koffie voor mij, chocolademelk voor Sarah, brood, boter, jam. Dan gaan we op pad met maar weinig te eten voor onderweg bij ons: we zijn op weg naar Pamplona, wat een korte dagmars zou moeten zijn in vergelijking tot die van de twee voorgaande dagen. Maar misschien zijn we te veel gespitst op deze relatief korte afstand, want de stad die dichterbij zou moeten zijn lijkt steeds verder weg te liggen.

'Ik moet alsmaar aan Dorothy denken,' zeg ik tegen Sarah, 'als ze in het papaverveld is gevallen en de Stad van Smaragd zichtbaar is maar buiten bereik ligt.'

Ze knikt. 'Ik heb sinds we zijn begonnen met lopen al ik-weet-niet-hoe-vaak aan deze scène gedacht.'

'De derde dag is het zwaarst,' verkondigt een oudere heer die we passeren. 'Mijn zoon heeft deze tocht ook gemaakt en hij vertelde me dat de derde dag het zwaarst is.' Die zin blijft in onze gedachten hangen en we blijven hem tegen elkaar zeggen, niet alleen op deze derde dag, maar ook op de vierde en de vijfde, die in feite veel moeilijker blijken te zijn.

Om twaalf uur, moe en met pijnlijke voeten en duizelig van de zon, in een gehucht dat volgens onze reisgids Zuriain moet zijn, pak ik mijn rugzak uit en laat met spijt in mijn hart mijn extra paar schoenen op een bank achter. Zeker, ik draag minder nuttige en zwaardere zaken met me mee – zoals mijn roman-in-uitvoering bijvoorbeeld, maar ik kan van die pagina's geen afstand doen; ze hebben evenveel waarde voor me als mijn paspoort: het bewijs dat ik ben wie ik ben, terwijl ik op een onbekend pad wandel. Om dezelfde reden zucht Sarah onder het gewicht van haar tijdschriften, blauwdrukken van wie ze misschien zal zijn, gidsen voor de toekomst die van groter nut zijn dan onze reisliteratuur, waarvan de nutteloosheid even buiten Pamplona wordt bewezen, waar we de kaart ondersteboven bekijken en de voorstad Burlada in dwalen. De weg is zo makkelijk te volgen, de route is zo duidelijk en frequent gemarkeerd, dat kaarten niet alleen onnodig zijn, maar soms zelfs verwarrend. Dat is de moeilijkheid bij de overgang van de werkelijkheid – een stoffig, kronkelend pad dat we bewandelen – naar het conceptuele – een schone, vanuit de lucht geziene en vreemd misleidende voorstelling van die werkelijkheid. Ik ben de weg kwijt en probeer mijn ongerustheid en frustratie te sussen door een dik pak euro's uit een geldautomaat te halen. We spelen, even maar, met de gedachte een bus te pakken – hoe heerlijk om gewoon te gaan zitten en je ergens, waar ook maar, heen te laten rijden –, maar we lopen door, spreken de ene na de andere vreemdeling aan en laten die onze verkreukelde kaart zien en uiteindelijk worden we de goede kant op gewezen. Na nog weer drie hete, chagrijnige kilometers komen we aan bij de muren van Pamplona; niet dezelfde die voor Karel de Grote vielen, maar niettemin heel oud. Bomen groeien tussen de immens grote blokken steen; klimplanten kruipen en slingeren zich om elkaar heen.

'Mooi wel,' zeg ik en ik bedoel hoe mooi het groen afsteekt tegen de beroete stenen, hoe veerkrachtig en springlevend.

'Wat is er mooi?' Sarah loopt met haar hoofd voorover, haar ogen op de grond gericht. Ze is moe.

'De muur,' zeg ik. Ze kijkt op, knijpt haar ogen half dicht en zegt niets.

In de reisgids die we gebruiken wordt de bedevaartroute in dertig etappes verdeeld, ieder gemiddeld ongeveer 25 kilometer. Deze etappe gaat dwars door Pamplona heen en eindigt in een stadje dat Cizur heet, ongeveer vijf kilometer verder naar het westen. Maar de aantrekkingskracht van een stad, zelfs van een stad zo klein als Pamplona, is te sterk om verder te kunnen lopen zonder te stoppen, dus houden we het vroeg in de middag voor gezien. We melden ons aan in hotel La Perla, waarvan de beroemdste gast en zijn enthousiasme voor de stierenwedloop een complete toeristenindustrie teweeg heeft gebracht.

'Geen wonder dat hij zichzelf overhoop heeft geschoten,' zeg ik tegen Sarah, terwijl ik me op het bed laat vallen.

'Wie?' vraagt ze. 'Wat bedoel je?'

'Hemingway.'

‘Heeft hij zichzelf doodgeschoten?’

‘Ik maakte maar een grap over het hotel.’

Sarah kijkt om zich heen. ‘Heeft hij dat hier gedaan?’

‘Nee, nee, jaren later pas, in Idaho als ik me niet vergis. Het had niets met dit hotel te maken. Ik wilde daarmee alleen maar zeggen dat de kamer nogal...’

‘Deprimerend is?’ oppert ze.

‘Precies.’

De douche – het is vanwege deze luxe dat ik bereid was 68 euro te betalen voor een tweepersoonskamer – is bijna warm, maar de douchekop blijft niet zitten. Hij is aan een plastic handvat en slang bevestigd, valt van de haak boven mijn hoofd en komt tot drie keer toe met een klap tegen mijn gezicht aan, voor ik een manier bedenk om hem met mijn knie tegen de betegelde muur klem te zetten, terwijl ik mijn haar, dat doordrenkt is van het zweet, inzeep.

Er is geen televisie, de kamer biedt maar één vorm van amusement: een raam dat uitkijkt op een luchtkoker met waslijnen, fladderende kleren, ondergoed, en andere open ramen; stuk voor stuk doelen waarop Sarah projectielen van propjes en snoeppapiertjes afvuurt. Slechts een enkele daarvan treft doel en het komt niet in me op om haar te zeggen op te houden met die bezigheid, waaraan ze kennelijk ongecompliceerd plezier beleeft – zulk plezier is tamelijk schaars tijdens deze ‘niet-bepaald-vakantie’, zoals zij hem noemt.

Nadat we hebben gedoucht en andere kleren hebben aangetrokken, dwalen we tijdens de stilte van de siësta door het stadje en bekijken de etalages. Bij een boetiek naar binnen kijkend, ziet Sarah een riem die ze mooi vindt, een die cool en chic en hopelijk thuis niet te krijgen is, en we nemen ons voor om er later nog even naar terug te gaan. Sarah is duidelijk bemoedigd door deze stad, door de solide bouwstenen van de beschaving, de felgekleurde ramen van de commercie.

Het duurt nog een uur voordat de winkels weer opengaan, dus bezoeken we de kathedraal en het aanpalende museum, die geen van beide bijster interessant zijn, zelfs niet voor mij, die over het algemeen belust is op alles wat kerk en doopvont is en zich met grote gretigheid wijwater op het hoofd sprenkelt. Zou het anders zijn zonder de oplettende aanwezigheid van mijn dochter, haar altijd parate scepsis? Voor het eerst van mijn leven valt het me op hoe afstandelijk de heiligenbeelden zijn. Het kindje Jezus op Maria's schoot kijkt plechtig zijn toekomst in naar een voorspelde dood, en hij ziet er stijf en triest en onecht uit, hij is niet afgebeeld als een kind, maar als een vreemd mannetje. Na drie dagen te hebben gelopen, waarbij twee paar voetstappen nu eens ín en dan weer uit de pas raakten, drie dagen van ondanks vermoeidheid maar doorgaan omdat er geen andere keus is, lijkt de kathedraal overbodig bij datgene wat een essentiële, religieuze oefening is geworden. En de vragen die door het pad worden opgeroepen: hoeveel kan ik dragen en voor hoe lang? waar gaan mijn gedachten heen als ik stil ben? welke aspecten van het leven thuis in mijn eigen land mis ik en welke wil ik maar al te graag kwijt? – die vragen lijken een directere religieuze betekenis te hebben, lijken geest en materie meer te verenigen dan de tijd die we onrustig wiebelend doorbrengen op de klamme kerkbanken.

We gaan terug naar de boetiek en kopen de riem. Vervolgens dwalen we nog weer wat rond, wachtend tot het tijd is voor het avondeten. Als om negen uur de restaurants eindelijk opengaan, kiezen we voor een Chinese tent, ervan uitgaande dat gebakken rijst in Pamplona waarschijnlijk de enige vegetarische optie zal zijn. En daarbij hebben we plezier in het botsen der culturen: van de felgekleurde drakenpanelen aan het plafond, de roze servetjes die in de vorm van zwanen zijn gevouwen en, buiten het raam, het zicht op de stierenvechtersarena.

Zaterdag, 27 juli 2002, 6.00 uur 's ochtends, Pamplona.
Toen ik negentien was, ontdekte ik het bedwelmende effect van in beweging zijn. Ik trok toen met een rugzak van stad tot stad, van Parijs naar Madrid, van Madrid naar Barcelona en terug naar Parijs en vandaar naar Wenen, voortdurend onderweg, twee maanden ongelimiteerd reizend op een Eurorail jongerenpas – ik was nooit gelukkiger dan in de trein, uit het raam starend, vol verwachting uitkijkend naar het reisdoel in plaats van het in werkelijkheid te ervaren. Het 'worden' tegenover het 'zijn': was het tijdens die treinreizen dat ik begon te begrijpen wat het grote conflict in mijn leven was? Ingegeven door de relatie met mijn moeder en mijn vaste voornemen mezelf om te vormen tot de dochter die ze zich had gewenst, had ik mezelf nog nooit als een wezen gezien, menselijk of anderszins, maar als een werk-in-uitvoering, als een larve, even minderwaardig ten opzichte van wat ik misschien zou kunnen worden als een op de tast voortstrompelende rups ten opzichte van een de zwaartekracht tartende vlinder. Zelfs nu ik dit van mezelf weet, ben ik nog altijd teleurgesteld als ik ergens aankom, en kan ik niet wachten om weer te kunnen vertrekken, om op de plek te geraken die

ik nog niet heb bereikt – de plek die me werkelijk de gelegenheid lijkt te zullen bieden om boven mezelf uit te stijgen.

Uitgekeken op bezienswaardigheden, uitgekeken op winkelen. Nee, erger nog: onrustig geworden door dit soort tijdverdrijf, want zou ik niet weer moeten vertrekken, moest ik niet weer verdergaan op weg naar mijn lotsbestemming? Dat is mijn probleem, denk ik, terwijl ik kleren sorteer en inpak en probeer Sarah te laten slapen, ik haal die twee dingen door elkaar: reisbestemming en lotsbestemming.

Ik maak Sarah wakker met de belofte dat we een toeristische enscenering gaan zien van de stierenloop. Om acht uur zullen een stuk of twaalf stieren door de straten worden gejaagd door als matadors verklede acteurs. En op dat tijdstip staan wij aan de rand van de Plaza del Castillo te wachten, de oren gespitst op het geluid van naderende hoeven. Maar óf ik heb me kijkend op de kaart vergist, óf ik heb de vrouw van het vvv-kantoor verkeerd begrepen, want de straten blijven leeg, er verschijnen geen stieren.

‘Het spijt me,’ zeg ik. ‘Het is waarschijnlijk niet het juiste moment om dit te zeggen, nu we zover van huis zijn, maar ik ben een waardeloze kaartlezer.’

‘Nee, helemaal niet,’ zegt ze loyaal.

Ten westen van Pamplona doorkruisen we graanvelden, gloeiend heet en stoffig en wondermooi, en dan beginnen we de heuvels aan de voet van de Sierra del Perdón op te lopen. Na de stad Zariquiegui, waar we onze verhitte hoofden onder de stadspomp kletsnat maken, zien we de Molino de Viento, een windmolenpark boven op de bergkam. De hele rij molens staat daar te draaien, wit en rank en ongelooflijk modern, en toch is het bijna niet mogelijk eropaf te lopen zonder aan Don Quichot te denken, zonder me af te vragen wat het is waartegen ik ten strijde trek. Volgens onze kaart ligt de pas over de Sierra op een hoogte van 734 meter, en het is een gestadige klim over een stenig pad vanuit Pamplona dat nu twaalf kilometer achter ons ligt. Het lijkt onmogelijk dat we vanuit de koele mist naar zo'n intense hitte hebben kunnen lopen. Het withete oog van de zon schijnt fel op ons neer en schenkt ons een kritische blik zowel als drukkende hitte; en ik heb het gevoel dat ik tegen geen van beide opgewassen ben.

Na een aantal malen ten onrechte te hebben gedacht dat we er al waren, omdat de ene piek schuilgaat achter de andere, bereiken we de top van de Perdón en worden we op hetzelfde moment verwelkomd door een troostrijke aanblik: een Engelsman met een kampeerbus, een kaarttafeltje waarop twee mandjes zijn neergezet, een met koekjes en een met zuurtjes.

'Welkom,' zegt hij en spreidt zijn armen in een messiaans gebaar. 'Ik ben een van de verrassingen van de Camino.' Hij biedt ons een keuze uit verschillende koude en warme dranken: citroengazeuse, cola, koffie, thee.

'Zijn jullie Amerikanen?' vraagt hij en ik zeg dat we dat inderdaad zijn.

Jullie zijn hier zeker vanwege Shirley MacLaine,' zegt hij en neemt me van hoofd tot voeten op.

'Nee,' zeg ik, mijn haren zijn meteen rechtovereind gaan staan. 'Wat bedoelt u daarmee?' Hij vertelt dat Shirley MacLaine een boek heeft geschreven over haar tocht over de Camino, waarin ze het ook heeft over haar herbeleving van vorige levens. Ik schud mijn hoofd en ga op een ander onderwerp over, iets waardoor ik misschien minder de neiging krijg om onbeleefd te reageren op deze vriendelijke, hoewel onbewust beledigende man. 'Woont u in Spanje?' vraag ik.

'Ja, nu wel.' Deze heer (die net als de jonge vrouw in Larrasoaña zijn naam niet noemt en ik vraag er niet naar) vertelt dat hij zijn leven in dienst heeft gesteld van de hulp aan bedevaartgangers. 's Ochtends zet hij zijn camper neer en biedt hij proviand uit zijn kampeerkeukentje. 's Middags rijdt hij langs de weg op zoek naar mensen die het niet redden naar de volgende stad te lopen.

'Hoeveel pikt u er per dag op?' vraag ik hem.

'Een stuk of zes.' Hij zegt dat hij niet verder naar het westen rijdt dan León, omdat diegenen die het zover hebben gebracht – tot ongeveer 375 kilometer ten westen van Pamplona – ook de rest van de afstand naar Santiago zullen kunnen afleggen: hun voeten zijn intussen gehard.

Een zeer verleidelijk onderwerp voor een profielschets in een tijdschrift, concludeer ik, deze licht ironische, hoffelijke en eigenzinnige man. Hij bezit zowel charme als een soort heilig vuur en ik kom in de verleiding hem te vragen wat hij heeft gedaan voordat hij deze roeping ging volgen, wat is de drijfveer achter zijn missie om wankele pelgrims te helpen. Ik stel me de foto bij het interview voor: hij, staande voor zijn roestige en pokdalige kampeerbus, het hele panorama erachter, de enorme windmolens die daarboven staan te draaien. Maar wat zou het me kosten om hem echt inhoud te geven, nog weer een brokje leesvoer om te worden verslonden door de eindeloos vraatzuchtige lezers van profielschetsen, de weinig kieskeurige honger van onze cultuur? Ik besluit dat ik hem geen vragen wil stellen, het stuk niet wil schrijven en hem zelfs niet wil laten weten wat mijn beroep is.

‘Kunnen we Puente la Reina van hieruit zien?’ vraag ik.

‘Nee.’ Hij schudt zijn hoofd. ‘Dat ligt verscholen net achter die heuvel daar.’ Hij wijst naar het westen, naar de wazige vlakte die in de hitte ligt te glinsteren. Een weg kronkelt zich langs een, twee, drie stadjes en verdwijnt dan uit het zicht. ‘Uterga, Muruzábal, Obanos,’ hij noemt de namen van de steden die we kunnen zien. ‘En dan achter die laatste heuvel, Puente la Reina. Jullie zijn daar tegen vijven. Zelfs als jullie onderweg stoppen om uit te rusten, komen jullie daar wel.’

Ik knik. ‘Mag ik u een kleine donatie geven. Voor toekomstige koekjes?’

Hij knikt. ‘Dank u,’ zegt hij. Maar hij schudt zijn hoofd als hij het biljet van twintig euro openvouwt en geeft het me terug. ‘Dat is te veel,’ zegt hij.

‘Neemt u het alstublieft van me aan. Het is... eh, het is iets waar ik ook in geloof, de Camino.’

Hij kijkt me met half dichtgeknepen ogen aan, denkt even na en knikt dan. ‘Benzine,’ zegt hij. ‘Ik koop er benzine van.’

Sarah en ik beginnen aan de afdaling van de heuvel. Keien die onder onze voeten zijn losgeraakt rollen voor ons uit omlaag. Wat bedoelde ik eigenlijk, vraag ik me af. Of beter: waarom? Waarom geloof ik in deze weg? Het is op deze vierde dag dat die vraag zich aan me opdringt, omdat het gloeiend heet is en het pad moeilijk begaanbaar, omdat mijn knie en enkels pijn doen en belangrijker nog dan al deze ongemakken, omdat ik een metgezel – een gijzelaar – heb meegenomen in mijn geloof.

Net als de vorige dag lopen we ook nu weer tijdens de hete en doodse stilte van de siësta een stadje binnen – is het Uterga? Misschien is het Muruzábal. Op een tijdstip waarop zelfs de honden in de ban lijken te zijn van de een of andere betovering, zoals ze daar roerloos in het geringste schaduwplekje liggen dat ze maar kunnen vinden. Sommige van deze Navarese stadjes zijn schilderachtig mooi, eeuwenlang lijkt de tijd aan hen voorbij te zijn gegaan; andere zijn lelijk: met gescheurde stenen muren en stoffige, afgedankte auto's. Maar midden in de siësta, als alle winkels en bars gesloten zijn en de gordijnen dichtgetrokken, is het overal even stil – spookachtig voor grote-stadbewoners, alsof we terecht zijn gekomen in een van die totaal verlaten plaza's op een schilderij van Chirico, ieder zonovergoten hoekje glinsterend en sinister. Wat kan deze stilte, deze verlatenheid te betekenen hebben? Er is vast iets onheilspellenders gaande dan middagslaapjes. Uitgeput en vuil als we zijn, gaan we op de stenen rond de pomp zitten en luisteren naar het luide geklater van het water dat we omhoog halen. Meer dan eens laten we onze verhitte hoofden onder de waterstraal kletsnat plenzen.

Ik ben zo stom geweest om uit Pamplona weg te gaan met alleen water en snoep bij ons en niets anders te eten. In de veronderstelling dat ik proviand zou kunnen kopen in Guenduláin of Zariquiegui – steden die er op de kaart als steden uitzien en die in feite in de reisgids ook zo worden aangeduid – raak ik inwendig in paniek als ze niet meer blijken te zijn dan een handjevol gebouwen, met een café maar zonder supermarkt. In Obanos, ook zonder supermarkt, lopen we een café binnen en zien dat alle tafels er bezet zijn: allemaal bedevaartgangers, zonverbrand en met zere voeten, die het kennelijk hebben opgegeven voor vandaag. Ze drinken bier en pellen hun smerige sokken van hun voeten om hun blaren te inspecteren. We kopen water en ijslolly's en een klein blikje geroosterde, gepelde zonnebloempitten. 'Wil jij stoppen?' vraag ik mijn dochter, maar ze schudt haar hoofd.

'Laten we doorgaan,' zegt ze, haar lippen rood van de ijslolly. 'Laten we naar de stad gaan.' Pamplona heeft haar ervan overtuigd dat beschaving echt bestaat; als we nog een uur, misschien nog twee uur verder lopen, zullen we die vinden.

'Oké,' zeg ik en we ploeteren verder, maar de middaghitte doordringt ons – te laat – van de wijsheid van het lopen in de vroege uren van de dag. Om drie uur schijnt de zon zo intens fel, dat een hoed en een zonnebril onze ogen er niet tegen kunnen beschermen en we merken dat we als insecten van het ene beetje schaduw naar het andere scharrelen. Er zijn geen bomen, maar de plaatselijke boeren stapelen hun hooibalen hoog op en maken er forten van hooi van, twee of zelfs drie verdiepingen hoog, en ze getuigen allemaal van de aanwezigheid van voorgaande wandelaars. Als we tegen een van deze stapels hooi aan gedrukt zitten, komen we tot de ontdekking dat iemand hem heeft uitgehold en er een latrine van heeft gemaakt.

'Arme boer,' zegt Sarah.

Vliegen zoemen om ons heen, het hooi kriebelt en prikt door onze T-shirts, maar we zijn te moe om ons daar iets van aan te trekken en we gaan met gekruiste benen in het randje schaduw pal tegen de balen aan zitten. We geven onszelf tien minuten en terwijl die verdampen, kijken we voortdurend op ons horloge.

‘Het eerste het beste hotel,’ zegt Sarah als Puente la Reina in de verte opdoemt, goudkleurig als El Dorado.

‘Dat beloof ik je.’

‘Behalve als het een afgetrapte boel is,’ specificeert ze nader.

‘Oké.’

Maar dat is het niet. We krijgen een kamer met tv en een telefoon die werkt. Sarah zit naar een uitzending van synchroon kunstzwemmen vanuit Berlijn te kijken; ik mik vieze sokken en onderbroeken in de wasbak, laat ze in heet water weken voor ik zelfs maar een poging onderneem om ze te wassen. Zittend op het bed naast het hare pak ik een piepklein stukje zeep uit en kijk naar de tv. Twee gladde en prachtige lichamen vallen precies tegelijkertijd in een uitgestrektheid van een onmogelijke kleur blauw.

‘Wil jij eerst onder de douche?’ bied ik aan, maar Sarah zegt niets. ‘Prima, dan ga ik eerst,’ zeg ik en doe mijn best mijn stem opgewekt te laten klinken.

Ik zit op de bodem van het bad onder het stromende water en laat het als warme regen op mijn gebogen nek vallen. Ik heb iets geleerd op deze tocht. Het dagenlang wandelen met mijn dochter, wij samen alleen, heeft me iets geleerd. Ik ben een beetje bang voor mijn kind, haar schoonheid en haar stiltes, haar vermogen me pijn te doen. ‘Waar denk je aan?’ heb ik haar tijdens onze wandeltocht te vaak gevraagd. Gelukkig – voor haar en voor mij – vormt ze zo’n eenheid met zichzelf dat ze mij zo’n tactloze inbreuk op haar privacy niet toestaat.

‘Nergens aan,’ zegt ze en een keer zei ze zelfs: ‘Mijn gedachten zijn van mij.’

Met mijn ogen dicht vraag ik me af of de beslissing om Sarah mee te nemen voor een deel eigenlijk niet was bedoeld om mijn angst voor haar te erkennen, die onder ogen te zien. En om toe te geven misschien, dat ik het nooit zal afleren de liefde voor mijn kinderen te laten beïnvloeden door mijn geschiedenis met mijn moeder. Met haar glanzende, donkere haar en haar blauwe ogen, haar lange benen en haar onbevangen, tengere gratie, is Sarah het meisje dat mijn moeder zich had gedroomd, maar dan ook precies. Dat beangstigt me soms, alsof mijn verlangen om het gewenste meisje te zijn uiteindelijk op deze ondoorgrondelijke manier tot uitdrukking is gekomen: ik heb mezelf niet kunnen maken tot de dochter van mijn moeders dromen, niet bij haar leven, maar nadat ze was overleden heb ik – wonderlijk genoeg en onverwacht – een meisje naar dat droombeeld gemaakt.

Waar denk je aan? die vraag zal ik proberen uit te bannen. Ik zal proberen hem niet uit te spreken, ook al kan ik er niets aan doen dat hij in mijn gedachten opkomt. *Laat je me alleen?* Dat zou de eerlijke vraag zijn, dat zou zijn wat ik werkelijk bedoel: laat je me met je stilzwijgen in de steek?

Of ben je gewoon te moe om te spreken, mijn felle kind, dat tien gloeiend hete uren lang een zware rugzak heeft meegetorst?

Hoewel ik heb beloofd dat we niet uit zouden gaan en in het hotel zouden eten, krijg ik beneden te horen dat het restaurant vol is. Zonder reservering kunnen we daar niet eten.

'Maar we logeren hier,' probeer ik nog, 'hier, in het hotel.' Ik laat als bewijs de sleutel van onze kamer zien.

De ober schudt zijn hoofd. 'Het is maar een klein eindje naar het centrum van de stad.' Hij wijst. 'Een kilometer of twee, meer niet.'

Ad-vil, Ad-vil, die twee lettergrepen blijven door mijn hoofd dreunen terwijl we die twee kilometer afleggen, om er dan achter te komen waarom het restaurant van het hotel ons heeft geweigerd: het is fiësta. Alle restaurants zijn vol. De stad staat te schudden op zijn grondvesten van de muziek, het bier, de draaimolens, de straatventers die hun waren aanbieden, om niet te zeggen: opdringen. Maar er is geen tafel te krijgen. Wie kan ons wel hebben? Alleen bars met sandwiches met gedroogd vlees. In een van die tenten probeert een dronken man me mee te trekken om met hem te dansen en ik blaas haastig de aftocht, Sarah bij haar pols meesleurend.

'We gaan terug naar het hotel en gaan daar eten,' zegt Sarah na nog weer een straatlengte van louter fiasco's.

'We hebben niet gereserveerd.'

'Dat maakt me niet uit.' Haar ogen schitteren, zitten vol boos verwijt.

'Goed.' Ik ben het met haar eens, het huilen staat mij ook nader dan het lachen. Na een heel uur extra te hebben gelopen, sjokken we terug naar het hotel. Maar de ober laat zich niet vermurwen. Het restaurant kan er niet nog twee eters bij hebben.

Sarah huilt. De tranen waarvoor ze te trots was om ze mij te laten zien, plengt ze voor de ober – en dat heeft onmiddellijk effect. Binnen een paar seconden zitten we aan tafel, hebben we menu's gekregen en een mandje met brood en plakjes boter zwetend op een schoteltje. Overal om ons heen drinken de bewoners van de stad elkaar toe, de jonge mannen in de traditionele fiësta-dracht: wit overhemd en rode halsdoek. Ze zijn zo luidruchtig dat het onmogelijk is een gesprek te voeren, maar dat geeft niet, we zijn toch te moe om te praten.

Zondag, 28 juli 2002, Puente la Reina.
Om iets over vijven word ik wakker en loop naar het open raam om aan de schoon geschrobde sokken en onderbroeken te voelen die aan de vensterbank hangen. Alles is kurkdroog geworden in de schrale, warme wind waardoor mijn lippen zijn gebarsten en mijn haar is verdord. Ik vouw en sorteer kleren en pak onze rugzakken in. Het is zonder meer duidelijk: de enige manier om de hitte te overleven is door te zorgen dat je 's middags niet wandelt, dat je om zes uur begint en er om twee uur mee ophoudt. Maar ik kan Sarah niet wakker krijgen, niet na de dag van gisteren, niet nu ze zo moe is. Dit is een bepalende factor waarmee ik geen rekening heb gehouden: de biologische klok van een puber die maakt dat ze 's avonds klaarwakker is en bewusteloos bij zonsopgang.

Tegen acht uur nuttigen we een stevig ontbijt en ik stop wat overgebleven broodjes in mijn tas, en ook een appel, een peer en een paar kleine kuipjes jam. Ik betaal te veel voor de flessen water in de hotelwinkel, maar het is zondag en ik ben bang dat de supermarkten gesloten zullen zijn. We lopen vandaag naar Estella, maar negentien kilometer, maar het zal onderweg erg warm en droog zijn. En er zijn heuvels en nog meer heuvels. Het is onze vijfde dag, de dag waarop we het zullen opgeven, maar dat weet ik dan nog niet.

De straten van Puente la Reina liggen bezaaid met plastic bekertjes. De gistige geur van gemorst bier komt uit de goten omhoog. Draaimolens, kakelbont bij daglicht, zijn ingeklapt voor het transport en een compact bezemwagentje – die grote dingen die wij thuis in New York hebben zouden hier niet in de oude, met kinderkopjes geplaveide steegjes kunnen komen – duwt een berg afval voor zich uit. Misschien zijn de normale openingstijden door de fiësta veranderd, want de winkels zijn wel open en ik koop brood en kaas en yoghurt.

De brug waarnaar de stad is genoemd, voert ons weer naar de andere kant van de Arga, de rivier die wij in zijn kronkelende loop al twee keer eerder zijn overgestoken. We lopen in stilte voort.

Sarah verbreekt die met: 'Zijn er mensen die de héle route lopen naar hoe heet het ook alweer?'

'Santiago?'

'Ja, daarheen.'

'Ja, die zijn er.'

Ze zucht hartgrondig. 'Die willen dan zeker dood.'

'Denk je dat?'

Ze geeft geen antwoord. Gefascineerd als ik ben door het fenomeen volharding, komt de gedachte plotseling bij me op dat ik misschien de fout bega te denken dat anderen dat ook zijn. Maak ik me schuldig aan projectie van mijn psychische agenda op iedereen om me heen, zelfs op mijn eigen kind, dat ik bescherming verschuldigd ben? Ik kijk een paar keer stiekem naar haar, in een poging te peilen hoe ongelukkig ze is, maar haar gezicht is ontspannen, ik kan er niets van aflezen.

In Cirauqui, na acht kilometer van onze dagmars te hebben afgelegd, lopen we over een gedeelte van een Romeinse weg, omzoomd door cipressen. Dit is het soort ervaring dat ik geruststellend en tegelijkertijd ook beangstigend vind. Hier liggen stenen die daar tweeduizend jaar geleden zijn neergelegd, een weg die, hoewel onbezield, volhardt. En hier ben ik, een wezen met bewustzijn, boordevol wensen en verlangens, en van voorbijgaande aard. Als je mijn leeftijd optelt bij die van mijn dochter, kom je aan een fractie van het leven van een steen – en van dat minuscule brokje tijd heb ik al zoveel opgebruikt.

'Kwart over een,' zegt Sarah. Dit is misschien de vijfde keer al dat ze meldt hoe laat het is.

Ik knik. Er is vandaag iets aan de hand: het verveelt haar, of ze is moe. Misschien is ze bang. Kan het zijn dat ze bang is voor mij, vraag ik me af. Ik ben de ouder van wie ze merkt dat ze minder betrouwbaar en evenwichtig en voorspelbaar is, en degene die ze volgt van niets naar niemendal. En zij is het kind dat, toen ze een jaar of vier, vijf was en we samen in New York liepen te wandelen, soms mijn hand losliet en weigerde verder met me mee te gaan. 'Je weet niet waar we zijn!' riep ze dan beschuldigend. 'Je weet helemaal niet waar we heen gaan!' 'Jawel, hoor,' zei ik dan en legde haar de route uit die we hadden gevolgd. Maar ze vertrouwde me niet. Ze stampte met haar voet en een keer snikte ze zelfs voordat ze mijn hand weer pakte en meeliep, omdat ze met haar vijf jaar geen andere keus had.

Ik moet aan de vlieger denken die ik haar had gegeven toen ze zeven was. Ze liet hem aan een kort eindje touw op en hij bleef vlak boven onze hoofden zweven, het materiaal waarvan hij was gemaakt golvend in een perfecte wind.

'Laat het touw een beetje vieren,' zei ik.

'Nee. Dan raakt hij kwijt.'

'Het is niet leuk om een vlieger pal boven je hoofd te laten zweven,' redeneerde ik. 'Laat het touw vieren.'

Ze schudde haar hoofd en ik praatte maar op haar in om haar te laten doen wat ze niet wilde doen. Ik pakte het touw dat om een stok gewonden zat, liet het vieren en de vlieger zeilde omhoog. 'Kijk!' zei ik. 'Kijk nou 'es hoe mooi! Hoe hoog!'

Het touw brak en ze kreeg een enorme driftbui, waarbij ze zowaar haar gebalde vuisten boven haar hoofd hield. 'Mama zal een nieuwe voor je kopen,' beloofde ik, waarbij ik me, lafaard die ik was, achter de derde persoon enkelvoud verschanste. 'Een nog veel mooiere.'

'Ik vond deze mooi. Deze! Die heb jij kapotgemaakt en nu is hij kwijt!'

'Het spijt me. Het spijt me. Ik zal een nieuwe voor je kopen.'

'Je mag van mij nooit nooit nooit meer aan mijn vlieger komen,' schreeuwde ze.

En dat mocht ik ook nooit meer. Onvoorzichtig, niet behoedzaam, te goed van vertrouwen, te impulsief, te open: dat zijn precies die eigenschappen in mij die ze met angst in haar hart bewondert.

'Ben jij een conventioneel iemand?' vraagt ze me nu onder het lopen.

Ik haal mijn schouders op. 'Wat denk jij?'

'Ik denk van niet.'

'Ik denk ook van niet.'

Ze knikt en kijkt me aan op de manier waar ik zo van hou: zonder enige terughoudendheid in haar beoordeling. Ze analyseert me en doet niet of het niet zo is. 'Ik wil later ook niet conventioneel zijn,' zegt ze na een poosje.

'Goed,' zeg ik.

De stadjes na Puente la Reina zitten vol omlaag zwenkende, rondcirkelende zwermen zwaluwen. Aan de overhangende dakranden van de gebouwen hangen zoveel besmeurde nesten als er maar plaats voor is, en de kleine vogels cirkelen als insecten rond de daken. Als er een kerkklok slaat, vliegen ze op het geluid daarvan hoog de lucht in, en vervolgens dalen ze weer op het stadje neer, net zoals de stilte.

'Mooi,' zeg ik.

'Griezelig,' antwoordt Sarah.

Ik merk dat ik me onder het lopen dwangmatig geestelijk aan het voorbereiden ben voor de volgende dag. Het kan niet anders of we zullen niet vroeg van start gaan en het deel van de route dat we in de middaghitte zullen afleggen is twaalf kilometer lang. Dat leidt ons door een droog, boomloos gebied, zonder één stad, zonder waterpomp. Hoeveel water zal ik voor twee mensen moeten meesjouwen? Vier liter voor de zekerheid. Die zullen mijn rugzak nog eens vier kilo zwaarder maken. Als om deze berekening te onderschrijven, voel ik een scheut van een geheel nieuwe pijn in mijn linkerknie.

'Wil je niet even uitrusten?' vraag ik. 'Daar, in de schaduw onder die brug?' Sarah kijkt naar waar ik wijs, een eindje verderop waar een betonnen overbrugging de weg over een droge rivierbedding heen tilt.

Ze haalt haar schouders op. 'Wil jij dat dan?'

Wat is het toch ongelijk tussen ons. Ze is dapper akkoord gegaan met deze tocht, een moeder-dochteravontuur, maar het kan in geen enkel opzicht zijn wat ze zich ervan heeft voorgesteld. Terwijl ze me aankijkt, voel ik dat ze zich afvraagt: wat zijn de regels? Mag ze toegeven dat ze moe is? Dat ze wil stoppen? Wat is de prijs die ze moet betalen als ze haar nederlaag erkent, ook al is het nog zo'n kleine nederlaag? Als ik haar vraag of ik haar rugzak een poosje zal dragen, zegt ze nee.

'Omdat je niet moe bent, of omdat je te trots bent?' Sarah knijpt haar ogen half dicht, waar ze over nadenkt is niet duidelijk: de vraag, haar moeder, de stand van de zon, de tijd die ervoor nodig is om de laatste zeven kilometer naar Estella af te leggen.

'Trots,' antwoordt ze.

'Oké,' zeg ik, knikkend. 'Dat begrijp ik. Ik denk dat trots van de zeven hoofdzonden mijn specialiteit is.'

'Hoe bedoel je?'

'Nou, ik ben niet bijzonder hebzuchtig, ik ben zeker niet lui en ik ben niet overmatig op seks belust. En ik ben ook niet, 'es even kijken, hoe heet het als je veel eet – vraatzuchtig. En ik ben geen boos persoon. Ik bedoel, er zijn bepaalde dingen die me boos maken, maar boosheid staat niet tussen mij en het leven in.' Ik wacht even. 'Hoeveel zijn dat er?'

'Zes, trots meegerekend.'

'Ja, ik vergeet er altijd een. O ja, ijdelheid. Ik ben niet zo ijdel.'

'Maar je bent trots.'

'Ja.'

Sarah houdt haar hoofd een beetje schuin. 'Waarom is dat slecht?'

'Nou, trots is verraderlijk. Het kan een nuttige eigenschap zijn als hij verband houdt met wilskracht en prestatie en alle zeilen bijzetten om iets voor elkaar te krijgen, dat soort dingen. Maar trots is ook gevaarlijk.'

'Waarom?'

'Omdat – nou, omdat je geen hulp wilt aanvaarden als je

die nodig hebt. Daarmee kan het je van andere mensen verwijderen, en de enige hoop die wij mensen hebben om gelukkig te zijn is elkaar. Trots is eenzelvig. Eenzaam.'

Sarah knikt, zegt niets en we lopen in de richting van de schaduw onder de brug. Er liggen daar twee grote stenen, als stoelen tegen de gladde kromming van de boog. Het stinkt er naar urine, een scherpe geur van het soort waarover we geen opmerkingen meer maken. Ieder plekje schaduw is waardevol, benijdenswaardig, hoe walgelijk ook onder andere omstandigheden. Ik leun tegen het koele, dompige beton aan.

Dat ik zo van deze route houd, komt onder andere door het feit dat er een herschikking plaatsvindt van de prioriteiten van het leven. Nu ik me in een wereld bevind waarin schaduw de meest waardevolle luxe is, krijg ik een beeld voor ogen van mezelf en van mijn oude zorgen, afgezet tegen de nieuwe rangschikking. En natuurlijk wordt de weg die we afleggen hierdoor een tocht naar huis, een terugkeer naar luxe en gemak en vertrouwdheid, iedere dag een dag dichterbij.

Terwijl ik op mijn steen zit en voorzichtig mijn tenen in mijn schoenen beweeg om, zonder te kijken, in te schatten hoe het met mijn blaren gesteld is, zie ik een kronkelende vorm van boven van de brug omlaag komen en met een kletsend en glijdend geluid op de grond vallen. Sarah gilt en ik spring overeind, begin dan beverig te lachen terwijl de adrenaline me door het lichaam giert, van mijn hart tot aan de toppen van mijn tintelende vingers. 'Ongevaarlijk, ongevaarlijk,' zeg ik. 'De kop is niet driehoekig.' Ik kijk hoe de slang zich kronkelend een weg baant naar een pol onkruid.

'Was het een kousenbandslang?' vraagt Sarah als zijn staart uit het zicht verdwijnt.

'Ja, zoiets. Hij moet daarboven langs de zijkant van de brug hebben gekronkeld en is eraf gevallen.' We gaan weer zitten en overpeinzen de veerkracht van het dier, wat het ook is waardoor het een val van meer dan zes meter heeft kunnen doorstaan en gewoon verder kan gaan alsof er niets is gebeurd. Wat een mooie en sinistere manier van voortbewegen en wat een afkeer wekt de slang bij ons op omdat hij geen ledematen, geen poten heeft. Door het feit dat hij zich voortbeweegt zonder te lopen.

Als we weer onder de brug vandaan zijn, worden we overvallen door de brute kracht van de zon. Ondanks zonnebrandcrème zijn we verbrand; onze huid is korrelig van het stof en het opgedroogde zweet, en we zijn doodmoe. Het is vier uur 's middags, het totale dieptepunt van deze dag, en we willen niets liever dan dat hij voorbij is.

'Gaat het goed met je?' vraag ik, naar Sarah's rode wangen kijkend.

'Uh-uh.'

'Echt goed?'

'Ik ben een beetje misselijk, maar het gaat best.'

De hitte stijgt van de grond op en komt tegen onze schenen aan als een soort stralingswarmte, zoals uit de geopende deur van een hete oven. En het is zondag, dus als we aan de rand van Lorca op een metalen bord stuiten waarop BAR staat, waarschuw ik Sarah dat die misschien niet open zal zijn. Onder het woord BAR wijst een pijl omhoog naar een lange trap waarvan iedere tree in de ongelooflijke hitte boosaardig glinstert.

'Het moet op zijn minst 35 graden zijn,' gok ik.

'Veertig.'

‘Vierduizendvierhonderdveertig.’ Ik laat mijn rugzak op de grond vallen. ‘Blijf jij hier maar zitten,’ zeg ik tegen Sarah, ‘dan ga ik naar boven om te zien wat er is, daarboven.’

Een barretje, zoals beloofd, met een gonzende airconditioner in het raam. Ik steek mijn hoofd om de deur op zoek naar de vertrouwd en geliefd geworden poster waarop de diverse soorten ijsjes staan afgebeeld die in het vriesvak onder de bar zitten.

‘Kom maar,’ roep ik van boven aan de trap. ‘Ze hebben ijslolly’s!’

We sleuren onze rugzakken de trap op en gaan in het rokerige café aan een tafeltje zitten. Ik haal de reisgids tevoorschijn om nog eens te bekijken waarnaar ik vandaag misschien al tien keer heb gekeken: het kaartje van de 20,4 kilometer over heuvelachtig terrein van de etappe van morgen van Estella naar Los Arcos. Villamayor ligt precies halverwege. Tussen dat stadje en Los Arcos bevindt zich het gevreesde stuk van twaalf kilometer, geen stad, geen schaduw, enkel en alleen een symbooltje voor een waterpomp en dat is een belofte waarop je bij deze droogte en hitte niet al te zeer moet vertrouwen. Zoals ik op verschillende momenten al heb gedaan, overweeg ik ook nu weer de mogelijkheid om eerder te stoppen – twee etappes, vijftig kilometer, van ons einddoel Logroño vandaan. Het is niet makkelijk om dit te doen, het gaat tegen alles in wat we hebben geleerd, tegen iedere afgezaagde boodschap die we aan onze kinderen doorgeven. Kortom, een negatief precedent, een slecht voorbeeld – maar is het dat wel? Ik denk aan alle saaie boeken waar ik me tot de laatste pagina doorheen heb geworsteld, aan alle slechte films waaruit ik niet heb willen weglopen, en ook aan de enkele keren dat ik ten dode opgeschreven vriendschappen niet heb willen laten sterven. Is dat dan verstandig?

Sarah laat haar verhitte gezicht op een hand rusten en likt aan haar ijsje, dankbaar voor dit beetje respijt. Hoewel ik weet dat ze vraagtekens heeft gezet bij wat we aan het doen zijn, dat ze het op bepaalde momenten saai heeft gevonden en op andere pijnlijk, heeft ze geen enkele keer geklaagd. Ik kijk haar aan.

'Ik weet het, ik weet het,' zegt ze, de aandacht die ik op haar richt ten onrechte interpreterend als een aansporing om op te schieten. 'Ik ben bijna klaar.' Ze gaat rechtop zitten, bereidt zich voor op de gedachte weer te moeten gaan lopen met die rugzak op haar rug.

'Wat zou je ervan denken,' vraag ik, 'als we het twee dagen eerder voor gezien houden? Als we morgen al naar Bilbao zouden gaan in plaats van woensdag?'

Een seconde lang, korter misschien zelfs, glimlacht ze, een glimlach van oor tot oor die onmiddellijk wegzakt en verandert in een frons.

'Het is zeker vanwege mij, hè?' vraagt ze.

'Nee. Ik denk alleen dat we er vandaag niet zoveel plezier aan beleven. Het is zwaarder dan in het begin en morgen zal het nog veel zwaarder worden. Ik heb deze tocht gepland als iets dat prettig en goed zou zijn voor ons. Ik wil niet dat het ontaardt in iets dat we met tegenzin doen.'

'Maar,' zegt ze, achterdochtig, 'móéten we niet doorlopen? Moeten we niet doorgaan tot daar waar we hebben gezegd dat we zouden komen?' Ik kijk haar aan en vraag me af of dit de mantra is die ze onder het lopen steeds weer heeft herhaald: *we moeten tot daar komen waar we gezegd hebben dat we zullen komen. We moeten Logroño bereiken, omdat we hebben gezegd dat we tot zover zouden komen.*

'Ik vind wel dat we kunnen stoppen,' zeg ik. 'Ik wilde alleen weten of jij het daarmee eens bent. Omdat het,' vervolg ik, 'morgen precies zo zal zijn als vandaag – wel mooi hier en daar, maar op dezelfde manier mooi, niets nieuws, en nog warmer zelfs, zodat we meer water moeten meedragen. Eerlijk gezegd maak ik me zorgen dat ik alles wat we nodig zullen hebben niet zal kunnen dragen. En hoewel het wel zo is dat ik het in mijn eentje zou riskeren, wil ik dat niet met jou bij me. En ik ben moe,' voeg ik eraan toe, 'heel erg moe,' haar de kans gevend toe te geven dat zij ook moe is.

'Zouden we dan eerder thuis zijn?' vraagt Sarah. 'Zouden we dan eerder uit Spanje weggaan?'

'Zou je dat fijn vinden?'

'Ja.' En ze zegt het nog eens. 'Ja.'

~

Mijn echtgenoot reageert op het nieuws zoals iedereen zou reageren: 'Wat is er gebeurd? Is alles goed met jullie?'

'Ja, hoor. We komen alleen wat eerder thuis.'

'Maar waarom? Dat is – dat is niet echt iets voor jou.' Ik zie Colin voor me terwijl hij dit zegt, zittend aan onze eettafel met de mobiele telefoon tegen zijn wang gedrukt.

'Dat weet ik,' zeg ik. 'Dat is het ook niet.'

En ik voel hoe anders het is, net als een vreemde smaak in mijn mond, dat ik plotseling in staat ben om van plan te veranderen, om de voorwaarden te veranderen, om *het op te geven.* En niet alleen om mijn dochter te beschermen, maar omdat ik de koppige trots in haar herkende die mij mijn hele leven duur te staan is gekomen, evengoed een tragisch gebrek als een reddende deugd.

'Misschien,' zeg ik tegen Colin, 'is dit mijn eigen kleine vordering als pelgrim. Datgene wat ik op dit deel van de route heb geprobeerd te leren.'

'Maar,' zegt hij, nog steeds zijn best doend het te begrijpen en zich een beeld van ons te vormen in ons kamertje in de stad Estella, om te zien dat onze gezichten en lichamen ongeschonden zijn. 'Jullie zijn oké? Er is niets gebeurd?'

'Niets anders dan dat ik heb besloten – dat wij hebben besloten – om de laatste etappes per bus af te leggen en eerder naar huis te gaan.'

Maandag, 29 juli 2002, 11.00 uur 's ochtends, onderweg van Estella naar Logroño.

Sarah en ik kijken naar hetzelfde landschap dat we drie dagen lang hebben gezien, heet en dor, graan en druiven en rondtollende derwisjen van stof; en alles gaat aan ons voorbij in een tempo dat verbazingwekkend is voor de voetgangers die we inmiddels zijn geworden. Stadjes lonken in de verte, goudkleurig en ommuurd, zoals de kastelen in een sprookjesboek: Azqueta, Luquín, Los Arcos, Torres del Río, Viana. Wat ons twee slopende dagen zou hebben gekost, schiet nu in niet meer dan een uur langs het raam van de bus voorbij. Sarah legt haar hand op de ruit, alsof ze de stenen muren wil aanraken die nu ver van ons verwijderd zijn, zoals ze dat de dag tevoren niet waren.

'Zo vreemd,' zegt ze, terwijl in de trillende hitte die over de gele vlakte hangt de eeuwen verdampen. 'Zo snel.'

DEEL TWEE: 1992

EEN

Met vijftig kilometer per uur verlaten we de provincie Navarra op weg naar Cantabrië, waar ik tien jaar eerder een minuscuul gedeelte van de weg heb gelopen.

In 1992, gedurende een winter waaruit alle kleur leek te zijn weggezogen, een grijs seizoen, kom ik, zeven maanden zwanger van onze zoon, in Burgos aan in een toestand van nerveuze vastberadenheid. Ik ben bezig informatie te verzamelen voor een roman die in het Spanje van de zeventiende eeuw speelt. Ik heb de naam van een befaamde Madrileense vrouwenarts bij me, op een papiertje geschreven en opgevouwen tussen het papiergeld in mijn portefeuille. 'Je zult het niet nodig hebben,' beloofde onze eigen dokter met betrekking tot dit bijzondere stukje waardepapier, 'maar daardoor zul je je beter voelen.'

Evenals bij latere reizen naar Spanje, begin ik in Parijs of daaromtrent, in dit geval in Versailles waar ik me weer wat vertrouwd maak met het hof van Lodewijk de XIV, de Zonnekoning en oom van mijn tragische heldin, Marie-Louise van Bourbon, die hij uithuwelijkte aan de laatste Spaanse Habsburgse koning, Carlos II. Om politieke redenen opgeofferd, reisde Marie-Louise, net als ik nu, terug in de tijd, van het Frankrijk van de Verlichting over de grens naar het Spanje van de Inquisitie. Haar echtgenoot was impotent en haar nieuwe volk verachtte haar. Toen ze niet in staat bleek een opvolger voor de Habsburgse troon te produceren, werd ze vergiftigd.

Er is in de geschiedenis van de vermoorde koningin niets bewaard gebleven, niets van haar hoop en verwachting, niets van haar lijden. Ik ben 31, al drie jaar ouder dan Marie-Louise was toen ze werd vermoord; ik ben in verwachting van ons tweede kind, een zoon, en ik ben van plan opnieuw gestalte te geven aan die verloren koningin, om de stilte rond haar dood met woorden op te vullen – de enige troost die ik tot mijn beschikking heb.

Na Versailles keer ik terug naar Parijs om daar in de nachttrein te stappen naar Madrid, vanwaar ik verder zal reizen naar Burgos om de kathedraal te gaan zien waar Marie-Louise en Carlos in de echt zouden zijn verbonden (en om het nabijgelegen gehucht Quintanapalla te ontdekken, waar het huwelijk in werkelijkheid plaatsvond om de moordenaars en tovenaars te ontlopen die het op het bijgelovige Spaanse hof gemunt zouden kunnen hebben).

Van Parijs naar Madrid deel ik een compartiment met twee oude Spaanse dames, doña's, geheel in het zwart gekleed en met bedekt hoofd. Terwijl we ratelend de duisternis buiten Parijs in rijden, zijn er twee vragen die ons alledrie bezighouden: wie gaan er in de twee benedenbedden? Wie moet er in een bovenbed klimmen? Gezamenlijk bestuderen we de drie kaartjes en zien dat op het mijne het nummer van een bovenbed staat. Dit lijkt mij niet meer dan terecht: ik ben geen jaren maar tientallen jaren jonger dan zij. De doña's zijn het daar echter niet mee eens. Ze steken elkaar over en weer mijn kaartje toe en schudden het hoofd. Ze vinden mij kennelijk te zwanger, zelfs voor zo'n geringe inspanning. Als ik mijn lange rok rond mijn benen vastklem in een poging enigszins zedig naar boven te klimmen, trekken ze me, ieder bij een arm, terug en mopperen op me. Ik schud ze van me af, niet om onbeleefd te zijn – integendeel zelfs. Deze oma's moeten op de hun toegewezen plaatsen slapen, bedden waar ze zich makkelijk in kunnen laten glijden. Om dit nog eens te benadrukken wijs ik weer op het nummer op mijn reservering, dat overeenkomt met het nummer op het hoge bed.

Maar ze zijn onverbiddelijk en ik lever me over, zowel aan het gezag van hun jaren als aan hun plaats. Door plotseling opkomende tranen tot een klein kind gereduceerd, ver van huis en niet in staat mezelf verstaanbaar te maken, geef ik me gewonnen terwijl zij de dekens terugslaan, me op het smalle bed neerzetten en zelfs mijn voeten pakken om me mijn schoenen uit te trekken. Een van hen duwt me net zolang tegen mijn schouders tot ik ga liggen; de ander stopt de dekens stevig in over de heuvel van mijn buik. Vervolgens gaan ze op het bed ertegenover naar me zitten kijken.

Ik ben al mijn waardigheid kwijt, doe mijn ogen dicht, maar ik kan het gevoel van hun vriendelijke maar ook wat afkeurende hulp niet van me afzetten. Zeven jaar na de dood van mijn moeder, die me nooit zwanger heeft gezien, nooit de man heeft ontmoet met wie ik getrouwd ben, de vader van haar kleinkinderen, voel ik de aanraking van oudere vrouwen door het verdriet om dit verlies als heel warm, aanrakingen die me verrassen tijdens zulke onpersoonlijke intimiteiten als het meten van mijn bloeddruk of het knippen van mijn haar: wat kan een vrouwenhand een warmte uitstralen. Tranen druppen van onder mijn gesloten oogleden vandaan en een komt zelfs met een hoorbaar plofje op het gesteven witte kussensloop terecht.

'*Gracias*,' kan ik maar net uitbrengen, met mijn ogen nog steeds dicht.

De vrouwen – ik kan mezelf er niet toe brengen om naar hun gezichten te kijken – blijven op het bed aan de andere kant zitten. Ik hoor ze tenminste niet opstaan. Ze praten met elkaar, een dialoog die voortdurend wordt onderbroken door klokkende geluiden en laatdunkend gesnuif, tamelijk langdurige stiltes waarin ze, daar ben ik zeker van, naar me zitten te kijken, een eigenaardige blonde vrouw, een hoofd groter en een heel leven jonger dan zij. Waar ga ik heen en waarom ben ik alleen? Waarom huil ik? Hun verklaringen moeten heel wat verschrikkelijker zijn dan de waarheid: dat ik in de luxueuze positie verkeer dat ik een drama dat eeuwen geleden heeft plaatsgevonden kan natrekken, een persoonlijke passie, terwijl thuis in de Nieuwe Wereld mijn man en dochtertje op mijn terugkeer wachten.

Ik blijf stil op het bed liggen met mijn ogen dicht, totdat ik hoor dat ze zich klaarmaken voor de nacht en ik door mijn rode oogleden heen zie dat het licht is uitgedaan.

~

In Burgos volg ik het spoor van de langgeleden gestorven koningin, waarbij ik in mijn verbeelding taferelen oproep om de witte plekken van de geschiedenis op te vullen. Midden op de dag kom ik uit de grootse, gotische kathedraal naar buiten in vaal winterlicht. Sneeuwvlokken vliegen horizontaal over de grijze stenen en hoe langer ik naar de statige trappen kijk die vanuit de kathedraal naar de straat leiden, des te minder lijken ze parallel te lopen. Ik heb zojuist een bezoek gebracht aan het graf van El Cid en de kapel van de heilige Jacobus, de Morendoder. Een kleine gids, waar ik een paar peseta's voor heb betaald, geeft de pelgrimsroute door Burgos aan, een weg die vlak langs deze kerk loopt en waar de gelovigen eeuwenlang naartoe zijn gekomen om met een knieval hun respect te betuigen. Terwijl de wind om me heen waait, memoreer ik de tekens die de route markeren: pijlen en jakobsschelpen. Het is nog geen één uur, genoeg tijd om een eindje van deze oude weg te lopen. Mijn koffertje staat in het hotel aan de overkant van de rivier de Arlanzon, niet ver van het station waar ik eerder op de dag uit de trein ben gestapt.

Ik zet koers naar het westen en algauw steek ik de rivier weer over, maar niet waar ik er eerder overheen ben gekomen. Het snelstromende water is donkergrijs en ziet er ijzig koud en gevaarlijk uit. Waterplanten zwiepen onder het wateroppervlak heen en weer. Er gaat een uur voorbij en nu bevind ik me aan de andere kant van het Hospital Del Rey, dat in 1195 is gebouwd voor zieke pelgrims, smekelingen voor wie de tocht naar alle waarschijnlijkheid honderden kilometers voor de bestemming waar ze ooit hoopten aan te komen zal zijn geëindigd. Ik steek voor de derde keer vandaag de rivier over, via de Malatosbrug volgens het gidsje. Nu ben ik buiten de stadsgrenzen. Nu ben ik van mijn kleine kaart af gewandeld. Het is twee uur, en met een spoorbaan links van me en de rivier rechts, blijf ik westwaarts lopen, twee kilometer en vervolgens nog een. Wat ben ik aan het doen, wegsjokkend van mijn koffer, mijn paspoort en mijn geld (op een paar dollar na)?

Tien jaar later, als ik met mijn dochter Sarah op het pad

loop, moet ik aan deze winterdag denken, de wit met zwarte vogels, het grijze landschap, de grijze rivier. Een dag zonder kleur, als een episode van *The Twilight Zone*, een eenzame reizigster op een onbekende weg; ze draagt een jas die niet meer sluit en die ze met haar handen diep in haar zakken – bijna – dicht houdt. Waar ben ik in dit plaatje op weg naartoe, op deze weg die ik heb ontdekt, twaalf eeuwen oud maar nieuw voor mij?

Om drie uur kom ik ten slotte weer tot mijn verstand en keer me om met mijn gezicht naar Burgos, waarvan de lampen in de vroege schemering een gelig licht verspreiden. Over de grens niet alleen van de stad, maar ook over die van mezelf heen, begin ik terug te lopen terwijl mijn hart zo tekeergaat dat ik het kan horen kloppen, harder en harder, als in een verhaal van Edgar Allen Poe; en het beangstigt me zo dat de tranen me in de ogen springen.

'Hormonen,' maak ik er later aan de telefoon een grapje over, terwijl ik in de zwarte ruit naar mijn spiegelbeeld kijk en net zo goed voor mezelf als voor mijn echtgenoot een verklaring probeer te vinden voor deze dag. 'Ik sta stijf van de oestrogenen.'

'Misschien moest je maar naar huis komen,' stelt Colin voor.

'Nee, nee. Ik voel me prima. Het gaat heel goed.'

Ik vertel hem niet dat ik heb gelopen tot ik totaal uitgeput was, tot ik zulke sterke weeën had dat ik dacht dat ik ging bevallen; dat ik op een binnenplaats ben gaan zitten en heb gehuild terwijl een vrouw water voor me haalde en iedere keer dat ik probeerde op te staan zei: '*!Quédese tranquila! Quédese tranquila!*' en nog iets waar het woord *malo* in voorkwam en waarvan ik aannam dat het betekende dat het slecht zou zijn voor de baby als ik opstond en verder zou lopen. Ik vertel hem niet dat het donker was tegen de tijd dat ik overeind kwam en op mijn schreden terugkeerde naar het kleine hotel; dat ik zo moe en zo op was van de zenuwen dat ik niet kon eten, maar een uur op bed heb gelegen voor ik naar huis belde, heel voorzichtig op mijn bed ben gaan liggen, met het telefoonnummer van de Madrileense vrouwenarts opengevouwen op het tafeltje naast me; dat ik naar het plafond heb liggen staren en me oefende in het rustig zijn.

Walker wordt twee maanden later in New York geboren waar we hem een naam geven die wij geen van beiden bewust in verband brengen met een voettocht. Hoewel onze zoon gezegend en al evenzeer belast is met een religieus temperament, houdt hij in feite niet erg van lopen. Hij vermijdt alles waarvan hij vindt dat het een onefficiënte vorm van voortbewegen is.

Voor wat mij aangaat: aangestoken door mijn toevallige ontdekking van de weg westwaarts naar Santiago, beloof ik mezelf dat ik er terug zal komen, en dat gebeurt ook.

DEEL DRIE: 1999

EEN

Zondag, 21 maart 1999, 9.00 uur 's ochtends, Oviedo.
Zeven jaar later – zeven, die magische cyclus: zeven dagen had een stenen schip nodig om de zeeën over te varen – kom ik in Spanje terug en ga met zevenmijlslaarzen op weg naar de provincie León. Het is maart 1999. Omdat ik ziek ben geweest en nog maar pas weer hersteld, komt mijn gezondheid me als nieuw en des te waardevoller voor, kostbaar hoewel misschien niet meer kwetsbaar. Dit is niet het juiste moment, zou je zeggen, om dit te testen en Colin maakt zich zorgen omdat ik hardnekkig volhoud dat ik deze tocht wil gaan maken. Wat hoop ik eraan te ontlenen, wil hij weten. Ik weet daar niet één twee drie een antwoord op. Als ik probeer er een verklaring voor te geven, maak ik een toespeling op de openingsscène van Peter Pan, als Peter Wendy smeekt hem zijn schaduw weer aan zijn voeten te naaien. 'Dat is wat ik wil – lopen met mezelf en een schaduw werpen, ik wil mezelf weer in mijn lichaam terug lopen.'

Maar ik weet nog niet wat dat betekent. Ik heb nog maar een miniem middenstukje van het pad ten westen van Burgos gevolgd, een oneindig klein deel ervan, maar genoeg om, als een sluimerende plantenkiem, te liggen wachten en plotsklaps uit te lopen en wortel te schieten.

Dus daar sta ik op een vliegveld in Oviedo met te veel kaarten, te veel geschiedenisboeken, een overvloed aan reisgidsen en een zwakke knie, maar dit alles moet ik nog ontdekken.

In de bar van Oviedo's busstation drink ik *café con leche* terwijl ik op mijn bus naar Astorga wacht, het punt waar ik aan de 283 kilometers zal beginnen die me naar Santiago zullen brengen. Boven de hoofden van de mensen laat een overmaats televisietoestel negen kanalen tegelijk zien; het scherm is in vierkante blokken verdeeld als een spelletje boter-kaas-en-eieren: stukken nieuwsfilm uit de Tweede Wereldoorlog; een golftoernooi; een natuurprogramma – jager en prooi; een aerobicsklasje; een documentaire over oude Chinese begrafenisrituelen; CNN, enzovoorts. Lineaire tijd bestaat niet, beweert het levende oog van de tv, alles gebeurt tegelijkertijd. De klanten drinken, roken, wachten om te kunnen vertrekken. Naast me aan de bar zit een vrouw op een kleine handcomputer een spelletje patience te spelen, haar benen over elkaar geslagen, zwaaiend met een voet. Uitgeput vanwege een doorwaakte nacht en nerveus van het elektronische gebliepbliep van het computerspelletje, voel ik een rilling van pure desoriëntatie over mijn rug lopen. Het is net of er onder mijn barkruk een valluik is opengegaan en ik net als een stripfiguur even in de ruimte blijf hangen, terwijl ik me ervan bewust ben dat ik op het punt sta omlaag te storten.

Tegen de tijd dat ik in Astorga aankom, ben ik optimistischer gestemd: de ontdekking dat de route veel duidelijker is aangegeven dan ik had gedacht of zelfs gehoopt, heeft me gerustgesteld. Gele jakobsschelpen en pijlen maken dat het onmogelijk lijkt om de weg kwijt te raken. Het is drie uur 's middags, het moment van de dag waarop ik een kamer zou moeten zien te vinden om me van een goede nachtrust te verzekeren voor de eerste etappe van mijn lange wandeling, maar ik heb al hele dagen verspild als passagier, aan boord van twee vliegtuigen en twee bussen op mijn plaats in mijn veiligheidsriem gegespt, en ik heb te lijden gehad van verveling en kramp in mijn benen en aanvallen van claustrofobie. Het kan niet anders of ik ben moe, maar ik ben te rusteloos om te wachten tot de volgende ochtend en dus ga ik, in weerwil van alles wat ik in de reisgidsen heb gelezen, meteen op pad.

De route loopt over een betonnen trottoir en buigt dan af naar een zandweggetje dat zich langs huizen en druipnatte, groene tuinen van de stad vandaan slingert. Dit is makkelijk, het lijkt in niets op de test waaraan ik me wilde onderwerpen, het is gewoon de ene voet voor de andere zetten; maar ik merk dat het kloppen van mijn hart zich zowel van spanning als van ínspanning versnelt. Ik ben nergens, althans niet ergens waar het me bekend is, en de zon is bezig onder te gaan. Een paar kilometer na het gehucht Valdeviejas stuit ik op een boom volgehangen met spiegeltjes. Het is halfdonker en de avondhemel is paars met zwart aan de uiterste rand en de spiegeltjes draaien en schitteren. Een middel om vogels te verjagen, zeg ik tegen mezelf, om het fruit te beschermen, maar toch is de boom angstaanjagend, als een occulte wachter.

Ik zie koplampen in de verte op de N-VI, de route voor pelgrims in auto's, en ik ga van het pad af en loop in de richting van de weg. Wat kan me hebben bezield om van start te gaan in de richting van invallende duisternis en een ondergaande zon? Langs een snelweg zijn plaatsen te vinden waar je de nacht kunt doorbrengen, zeg ik tegen mezelf en ik probeer uit alle macht te vergeten wat ik weet van wegen die voor auto's zijn gemaakt: dat je soms honderd kilometer moet rijden voor je een restaurant of hotel tegenkomt. Omdat ik geen reflecterende kleding aanheb, kan ik niet op de vluchtstrook lopen, en ik struikel meerdere malen, waarbij ik een keer een natte sloot in duik. En daar lig ik mezelf te vervloeken omdat ik zo impulsief – zo stom – ben geweest om naar het westen te gaan lopen in de richting van de schemering, zonder te weten waar ik een slaapplaats zou kunnen vinden om het daglicht af te wachten. Maar ik loop langs een weg, met geld in mijn zak, en het beeld van de boom volgehangen met spiegeltjes drijft me voort. Ik zal wel ergens uitkomen.

Hostal Restaurante Las Palmeras is in feite waar ik uitkom en waar de eigenaar me met enige argwaan bekijkt. Vuil en met een wilde blik in de ogen, ben ik een eind van de pelgrimsroute vandaan, die een constante stroom haveloze reizigers aanvoert. 'Vijfentwintighonderd peseta's,' zegt hij, en als hij ziet dat ik het niet begrijp, schrijft hij het getal op een stukje papier. Ik geef hem het geld en hij overhandigt me een sleutel met het nummer 209, die toegang geeft tot een piepklein kamertje met bad, uitgerust met schurende lakens en ruwe handdoeken. Ik doe de deur op slot en trek de gordijnen dicht tegen de nacht – de nacht volgehangen met spiegeltjes.

Maandag, 22 maart 1999, 7.00 uur 's ochtends. Een wegrestaurant.

Het is eindelijk ochtend, na een nacht die zomaar ineens voorbij is; acht uren slaap in één ruk die minder lijken dan niets – als een abrupte overgang van de ene filmscène op de andere. Wat heb ik er een hekel aan als dat gebeurt; het voelt alsof die nacht slaap me is ontfutseld. Ergens, diep in mezelf, heb ik gedroomd – en ik heb er nauwelijks weet van gehad. Maar het is in ieder geval geen zondag meer en daar ben ik blij om, aangezien er om die dag nog steeds die melancholieke sfeer hangt van mijn schoolmeisjespoging om God te bereiken, om op een kerkbank te zitten, geduldig, boetvaardig, hulpeloos. Zal God komen? Zal Hij zich van tevoren aankondigen?

Is dit de reden dat ik deze wandeltocht onderneem, vraag ik me af, terwijl ik te midden van lawaaiige vrachtwagenchauffeurs mijn koffie drink. Ik vind het moeilijk om in vertrouwen te wachten – te hopen –, of dat vertrouwen nu in God is, in voorzienigheid of in verlichting. Ik zou er liever op af lopen. Ervoor lijden. Die verdienen. Of inhalen.

Tegen halftien ben ik in de buurt van Santa Catalina de Somoza. Het is koud – mijn adem komt in witte pluimen mijn neus uit –, maar ik heb in zo'n pittig tempo gelopen dat ik het niet koud heb. Ik kom langs een oude fabriek, totaal vervallen en in bezit genomen door ooievaars. Enorme nesten als zwarte boten, breed en diep, balanceren op de kapotte daken. De vogels staan bij de kale balken als wachtposten, bewegingloos in hun waakzaamheid. Het is een prachtig en tegelijkertijd verontrustend tafereel. Daaronder grazen koeien. Ik hoor de kudde voor ik de dieren zie; de bellen rond hun nek klingelen als ze bij het grazen hun kop bewegen. Een enorm windklokkenspel, denk ik voor ik ze zie. In maart zijn de weilanden van een intense kleur groen die ik met Ierland associeer. Het is bijna niet te geloven, dit groen onder mijn voeten, groen met overal witte en paarse bloemen ertussen.

Even ten westen van Vega de Valcarce zit een oude man op

een hek aan de rand van een weiland, en hij betrekt me in een van de niet bijster begrijpelijke dialogen, half in gebarentaal, die mijn tocht door Spanje kenmerken.

'Bent u helemaal alleen?' zo begint zo'n gesprek altijd.

'*¿Sola? Completamente sola?*'

'*Sí.*'

'*¿Por qué?*'

Ik haal mijn schouders op. Waarom niet, leer ik te vragen. *¿Por qué no?*

'Waar gaat u naartoe?'

'*A Santiago.*'

Hij knikt. 'Aha,' zegt hij. Die bestemming verklaart alles. Mijn eenzaamheid kan tenslotte mijn zelfgekozen, mijn verdiende boetedoening zijn.

'U hoeft geen drinkwater mee te sjouwen,' laat hij me weten terwijl hij hoofdschuddend naar mijn literfles vol water kijkt. 'Het water dat de koeien drinken is goed.'

'Dank u,' zeg ik. Bij gebrek aan woorden, het medium waar ik van afhankelijk ben, maak ik ten afscheid een klein, respectvol gebaar, zoiets als de revérence waarmee ik destijds iedere ochtend de hoofdonderwijzeres van mijn lagere school begroette. Ik heb geen rok aan, dus pak ik in iedere hand een stukje lucht vast, dan glimlach ik, zwaai en loop door. En ben verbaasd over mezelf.

Se vende miel – honing te koop. Overal langs de weg staan zulke borden, bijenstallen zijn vaak op de stenen platforms neergezet die de ruïnes van overigens verlaten gebouwen opleveren. Het is stil en rustig in de bijenkorven, maar vreemd genoeg stralen ze toch een soort warmte en doelbewustheid uit – misschien komt dat door wat ik me voorstel dat zich daarbinnen bevindt: de hoeveelheid samengedromde werkbijen die cellen bouwen en vullen, het toppunt van gelijkvormigheid gevuld met goud. Ik blijf staan kijken als een stroom bijen onder uit een van de ronde, witte korven tevoorschijn komt, als stoom die van onder een deksel uit golft.

~

'*Buenos días*,' zeg ik tegen de twee oude mensen die ik passeer. Ze zitten op een laag, stenen muurtje, met de armen over elkaar, en staren zwijgend voor zich uit, iets dat hier heel gewoon is; maar de rust van deze ontmoetingen verwart me nog steeds, gewend als ik ben aan bejaarde Amerikanen die naar een tv-scherm zitten te kijken en daarmee verhullen wat in landelijk Spanje een openlijker voortgaan van de tijd, van het leven is. Sterfelijkheid.

'*Buenas días* is "goedemorgen",' antwoordt de man. '*Buenos tardes* is "goedemiddag".' Hij laat me zijn horloge zien. 'Vier uren,' zegt hij met zijn zware accent. Het is de vrouw die de verplichte vraag stelt.

'*¿Solita?*'

Ik knik zonder mijn pas in te houden. '*Sí*.'

Ze schudt afkeurend haar hoofd en ik zwaai met iets dat naar ik hoop meer weg heeft van lef dan van uitdagendheid, en ik loop verder naar het westen. De man – haar echtgenoot neem ik aan – staat op om me te volgen en ook zijn hond komt overeind. Ik kan mijn irritatie nauwelijks onderdrukken. Ik wil deze opdringerige metgezel niet, zelfs niet voor een paar kilometer.

'Engeland of Amerika?' vraagt hij op mijn borst wijzend.

'Amerika.'

Hij wrijft in zijn handen om aan te geven dat hem dat plezier doet.

'Ik, ik heb vriend in Chicago.'

'New York,' zeg ik daarop. Hij wrijft weer in zijn handen, met nog groter enthousiasme.

'Dat is goed, *no*?'

Ik maak het universele gebaar dat ambivalentie uitdrukt: een waggelen met het hoofd van ja en nee, *comme ci comme ça*, en draai mijn handen met de handpalmen naar boven. U mag het zeggen, laat dit gebaar hem weten en hij antwoordt: 'Ja!'

Na een minuut of tien houd ik op met me af te vragen wanneer hij mijn tempo niet meer zal kunnen bijhouden en me goedendag zal zeggen, en ook houd ik op met zo snel te lopen. Mijn metgezel, 'heer kleermaker' zoals hij zichzelf beschrijft, is twee keer zo oud als ik, zijn rug is krom en hij haalt hijgend en piepend adem. Zijn betrekkelijke zwakte blijkt een zegen te zijn, omdat ik, als ik langzamer loop, meer zie wat er om me heen is: gehuchtjes die twee- of zelfs zeshonderd jaar oud zouden kunnen zijn, stenen huizen met het vee op de begane grond, witte gordijntjes die uit de ramen van de bovenverdieping wapperen, stegen vol honden en kippen en koeien en katten. Een man is bezig brandhout te splijten met een grote bijl; een vrouw verbrokkelt kluiten aarde met haar riek. De enige aanduiding dat wij allemaal in deze zelfde eeuw leven is de enkele telefoonkabel die hier en daar een dak binnendringt, en het glanzend felrood van een auto die in een schuur geparkeerd staat.

Bang om achter te raken op het tijdschema dat ik mezelf

heb gesteld, heb ik stevig doorgelopen, erop gebrand mijn bestemming van deze dag te bereiken, en de kleermaker met zijn witte haar komt me voor als een kleine boodschapper van God, vooral als hij me vertelt dat O Cebreiro maar acht kilometer ver weg ligt. Ik dacht twintig en was bang dat ik het voor het donker niet zou halen.

'We lopen er samen naartoe,' kondigt hij aan en hij noemt de namen van de stadjes waar we doorheen zullen komen.

'¿Solita?' vraagt hij onder het lopen nogmaals en als hij weer op die vraag terugkomt, wijst hij op mijn borst. 'Ja,' zeg ik iedere keer. 'Ik ben alleen.' En iedere keer knikt hij, maar zonder enige vorm van afkeuring.

'Vrijgezel,' zegt hij van zichzelf.

Bij La Faba blijft hij bij een hek staan en belt aan, waarop een oude vrouw tevoorschijn komt die een garagedeur opendoet, en daarachter blijkt op een kille betonvloer een bar te zijn ingericht. '*¡Cerveza!*' De kleermaker bestelt een biertje en hij wil dat ik er samen met hem een drink. Teleurgesteld als ik daarvoor bedank, draait hij me de rug toe om met de vrouw te praten, en laat me als een kind aan mijn lot over in gezelschap van zijn hond, waarvan de oren en de staart zijn gecoupeerd zonder een poging te doen er iets moois van te maken of om het zelfs maar netjes te doen. De oren zijn schots en scheef voor de helft afgesneden en niet meer gelijk van vorm. Zijn achterste duidt op niets anders dan amputatie, een offer, terwijl hij met de kleine tien centimeter van iets dat stomp noch staart is hoopvol kwispelt. Even later ziet hij een kat en gaat ervandoor. En ik drentel in de deuropening heen en weer in een poging mijn metgezel tot spoed aan te zetten.

Een paar kilometer verderop stelt de kleermaker een vraag.

'Hoe zeg je....' begint hij en vult het blanco gedeelte ervan aan met een gebaar, waarbij hij de wijsvinger van zijn ene hand door een rondje steekt, gevormd door duim en wijsvinger van de andere hand.

'Dat weet ik niet,' zeg ik tegen hem. 'Ik begrijp het niet.' En hij herhaalt het gebaar, maar nu dichter bij me, op nog geen vijf centimeter van mijn kruis.

Hij kan toch zeker niet seks bedoelen. Even ben ik bang, en dan vind ik het amusant. Kan dit de achterliggende betekenis zijn van zijn herhaalde verklaring dat hij vrijgezel is? Ik wijs op mijn trouwring. 'Nee,' zeg ik. 'Nee.'

Hij glimlacht en haalt zijn schouders op. 'Je kunt het me toch niet kwalijk nemen dat ik het probeer? Een mens kan het toch proberen?' betekent dat gebaar. Ik denk eraan hoe vaak we zijn gestopt opdat hij weer op adem kon komen, dat hij me over de dood van zijn ouders heeft verteld – *infarto* en *tromboso* –, woorden die op de dramatische en eerbiedige toon werden uitgesproken die zijn voorbehouden aan goden en het noodlot. Als het moet, zou ik makkelijk van hem weg kunnen rennen, of hem gewoon over de rand van de heuvel kunnen duwen die we nu op klimmen.

'Nee,' zeg ik nog eens tegen hem en ik vertel dat ik van mijn man houd, of dat mijn man mijn minnaar is. '*Mi esposo es mi amor.*' Het is me een raadsel hoeveel Spaanse woorden ik kan opdiepen, her en der verspreide fragmenten van reizen van langgeleden naar Mexico, want ik heb nooit Spaans gestudeerd.

We zijn nog weer een kilometer verder, we klimmen nog weer een heuvel op. Mijn metgezel wijst op het landschap. 'Camera! Camera!' dringt hij aan, en hij is gekwetst en zelfs vol ongeloof als ik hem vertel dat ik geen fototoestel bij me heb. Ik ga geen foto's maken maar zal alles wat ik zie in mijn hoofd bewaren. Ik wijs op mijn slaap en hij maakt een gebaar, *bah!*, als om zulke dwaasheid van zich af te slaan. Maar ik weet dat ik gelijk heb. Ik zie de kiekjes al voor me: het kleine formaat ervan dat geen recht zou doen aan de grootsheid van lucht en heuvels; de kleuren zouden niet precies goed zijn, aan de grijstinten zou het paars ontbreken, de kleuren groen zouden dof en gewoontjes zijn.

O Cebreiro ligt op het hoogste punt, een bergpas die de provincie León met de streek Galicië verbindt. De heer kleermaker blijft even staan om op adem te komen. 'Hoe zeg je,' zegt hij even later en ik bereid me voor op nog een gênante avance, '*¿tetas?*'

'*No comprendo,*' zeg ik en houd me als eerste verdedigingsstrategie maar van den domme. Hij zegt het woord nogmaals en steekt zijn hand uit als om mijn borst aan te raken.

'Nee!' zeg ik, zijn handen van me wegduwend. 'Kom op zeg!' De kleermaker lacht. Het is een grap geworden, dit jagersgedrag van hem, vanwege mijn jonge leeftijd en kracht, het feit dat ik weg kan lopen en zelfs straffen.

Hij kijkt op zijn horloge. 'Zes uren,' zegt hij en vervolgens waarschuwt hij me dat er tussen waar we nu zijn en het nog steeds onzichtbare stadje O Cebreiro uilen en vleermuizen zijn en nog iets dat tevoorschijn komt als de nacht valt. '*Lobos,*' zegt hij nog eens om er des te meer nadruk op te leggen en om me ervan te overtuigen, veronderstel ik, dat het maar goed is dat hij naast me meeloopt, maar nee: 'Het is tijd voor mij om naar huis te gaan,' zegt hij tot slot.

Hij vraagt, in woord en gebaar, om pen en papier en ik geef

hem mijn dagboek, waarin hij me aantekeningen heeft zien maken, en een pen. 'Hier,' zeg ik en sla het op de laatste pagina open opdat mijn notities niet worden onderbroken. De oude man gaat met gekruiste benen op de grond zitten, als een plaatje van een kleermaker in een sprookjesboek. Hij buigt zich in zijn concentratie diep voorover en maakt een paar langzame ketens van aaneengeregen letters met overdreven zwierige halen en krullen: schrijfkunst die getuigt van de waarde van het alfabetisme, en die laat zien hoe zelden deze man die kunst beoefent. Hij geeft me het schrift terug en steekt zijn hand uit opdat ik hem overeind kan trekken.

Samen bekijken we zijn werk. *Amigos del Camino de Santiago*, ontcijfer ik, de hoofdletters A en C en S zijn verfraaid met extra lussen en punten, en dat geldt ook voor het dorp waar we elkaar hebben ontmoet en waar hij waarschijnlijk ook woont: Herrerias de Valcarel, en de provincie León. Daaronder staat zijn handtekening en de datum – een document dat getuigt van de korte tijdspanne die we samen hebben doorgebracht.

Ik steek mijn hand uit en hij pakt die vast. 'Vrienden van het pad,' vertaal ik zijn woorden en terwijl we elkaar de hand drukken, knikken we allebei, wat formeel en ongemakkelijk ineens.

Ik kijk hem na terwijl hij langs het pad afdaalt, sneller lopend nu hij de zwaartekracht aan zijn kant heeft, nu de schaduwen lengen en wolven rondsluipen.

Hoe vreemd is dit, en hoe verschrikkelijk mooi. Terwijl ik verder loop begint het te sneeuwen en ik haast me de steeds steiler wordende heuvel op. Rondtollende sneeuwvlokken vangen het laatste daglicht, liggen te glinsteren op een doornstruik, op de lichtgekleurde stenen onder mijn voeten en in de paarse schaduwen ervan. Dit kan onmogelijk de eerste wandeling zijn die ik in mijn eentje heb ondernomen, niet het eerste lege pad dat ik heb gevolgd, en toch heb ik mijn eenzaamheid nog nooit eerder zo scherp ervaren als nu.

Niemand, denk ik terwijl ik omhoogloop, uitkijkend naar de volgende duistere bocht in het pad, een eerste teken van de stad. Er is helemaal niemand te zien, en hoezeer ik ook mijn best doe om ze niet meer te horen, mijn voetstappen blijven de lettergrepen *nie-mand, nie-mand* herhalen. De duisternis valt als in een toneelstuk en dat roept beelden bij me op van een Grote Boze Wolf die rechtop loopt en de taal der mensen spreekt. Hij springt van achter een grote brok steen of een boom tevoorschijn, en voor hij me verslindt leert hij me eerst nog een lesje. 'Dom meisje,' zegt hij bestraffend, 'dat helemaal alleen door het bos loopt.' Binnen in hem, tegen de gloeiendhete, rode wand van zijn hart en longen aan geperst, ontmoet ik mijn grootmoeder, een vrouw die voor geen enkel levend wezen ooit een gemakkelijke prooi heeft gevormd.

De maan is opgekomen, bijna vol. De nacht is onder het maanlicht oneindig groot en onbegrensd, een nacht van leegte, van vernietiging. Wolven: hoe levend voel ik me bij de gedachte aan hen, terwijl ik me bevend over al mijn leden haast om een veilige plek te bereiken. Ik loop nu bijna hard onder het gewicht van mijn zware rugzak, mijn voeten glijden weg over losliggend grind en stenen, mijn ogen prikken van de sneeuw. Dat heeft de maan gedaan: de kleur van de weg veranderd van grijs in zilver, zij heeft me vanuit het daglicht overgebracht naar de morbide betovering van de nacht. Hij heeft gelogen, die geile kleermaker. Het was helemaal geen acht kilometer, en de prijs voor het feit dat ik hem heb afgewezen zal zijn – wat? In de schaduwen lijken tanden en tongen en kwijl te floreren. Het glanzende pad wordt steeds steiler. Ik ben onder mijn kleren kletsnat van het angstzweet en mijn gedachten zijn ingezakt tot de platte bezweringsformules van de verdoemden. Het is zo voorbij zeg ik tegen mezelf, anders dan mijn moeders kanker of het zwakke hart van mijn grootvader, anders dan beetje bij beetje doodgaan van wanhoop.

Van het ene moment op het andere stuit het zandpad op straatstenen en bevind ik me in een klein en etherisch gehucht, een dorpje waaraan de eeuwen voorbij lijken te zijn gegaan: middeleeuwse bouwsels met ronde strodaken, in een punt eindigend als de hoeden van toverheksen. Uit de ramen stromen gouden rechthoeken van licht op de besneeuwde grond. Ik heb een hoogte bereikt waar de sneeuw niet is gesmolten, waar auto's zo hoog niet zijn gekomen. Drie elektriciteitslijnen, als de draden van een poppenspeler, verdwijnen in het dak van een van de gebouwen, en na om me heen te hebben gekeken, loop ik die kant op. Er zijn geen uithangborden of richtingwijzers, maar in de reisgidsen wordt melding gemaakt van een herberg in O Cebreiro en elektriciteits- of telefoonkabels lijken me een even goede aanwijzing als wat dan ook. Maar voor ik nog maar tien passen heb gelopen, kruist een man in een zware overjas mijn pad. Hij bekijkt me van hoofd tot voeten.

'*¿Posada?*' vraagt hij. '*¿Refugio?*'

'Posada,' zeg ik, de voorkeur gevend aan een hotel boven een pelgrimsrefugio, liever stilte dan de verhalen over de route met anderen te moeten delen. Hij knikt en laat me door naar het gebouw met de drie kabels te wijzen weten dat ik de goede kant op loop.

Er is nog maar een kamer vrij en die is voor mij. Hoe vaak zal me dit gebeuren, het geluk dat ik heb, dat voelt als een zegen, alsof God daar de hele tijd al was, de wolven op afstand houdend en mijn bed voor me bewarend? De herberg lijkt op een klooster. Mijn kamertje is net een cel en heeft maar een klein raam met een enkel houten luik ervoor, witgekalkte muren waaraan als enige decoratie een kruis hangt, een badkuip ter grootte van een wastobbe, met een flinterdun stukje zeep en een ruwe handdoek. Maar het water is zalig warm, het vuil rolt van me af en kleurt het witte sop grijs.

De eetzaal beneden, ooit de refter, is gemeubileerd met twee schragen tafels met banken erlangs waaraan nog een paar mensen zijn blijven zitten, niet meer dan silhouetten tegen het oranje haardvuur, dat zo hard spettert en knettert, dat het de zachte gesprekken overstemt. Een vrouw met een schort voor brengt me een kom soep, een lepel en een mandje met brood.

'*Gracias*,' zeg ik, meer wordt er tussen ons niet gesproken en ze knikt, haast onmerkbaar. Ik ben door het ene sprookje het andere binnengevallen: ontsnapt aan de kaken van de wolven en aangeland in het kasteel van het Beest waar betoverde tafels zichzelf dekken. Uit een karaf midden op tafel schenkt een paar handen me een beker rode wijn in en zet die naast me neer. Ik voel me belachelijk, een kind dat uit zijn nachtmerries is gered. Mijn wangen gloeien van de wind en de sneeuw, van het warme water en de rode wijn. Zal het iedere dag zo zijn als vandaag, een zinnenspel, vooroefeningen voor de dood, met steeds weer de plotselinge gave van de wederopstanding? Ik hoop het, want is het niet daarvoor dat ik hier ben gekomen?

TWEE

Dinsdag, 23 maart 1999, 7.00 uur 's ochtends, O Cebreiro.
Als ik wakker word, zie ik een rechthoekige lichtplek die als een extra deken over het witte beddengoed gespreid ligt. Beneden eet ik weer alleen en in stilte. Beker en bord verschijnen als bij toverslag, waarmee de betovering wordt voortgezet waarvan ik had verwacht dat die door een nacht goed slapen zou worden verbroken. Twee kannen, een met zwarte koffie, de andere met hete melk, en sneden brood die bijna te dik zijn om in te bijten, doordrenkt met de plaatselijke honing, donker en gespikkeld met een samengestelde smaak, bijna alsof hij is gerookt. Ik eet meer dan ik wil eten, probeer heel bewust die smaak te proeven, probeer zoiets vluchtigs als een mondvol honing in mijn herinnering op te slaan.

Buiten is het bijtend koud en helder – alles wat ik om me heen zie lijkt te zijn samengebald tot een absolute scherpte waardoor ik het gevoel heb dat ik zelf in vergelijking daarmee vlekkerig-vaag en zacht ben. Het licht flitst van beijzelde dakranden en van de kasseien af. Ik heb al mijn kleren over elkaar aan. Isolerende lange onderbroek onder mijn spijkerbroek, T-shirt, coltrui, nog een trui en daaroverheen een jack met twee paar reservesokken opgerold onder de schouderbanden van mijn rugzak, die me, zoals ik in het spiegeltje in mijn kloostercel heb gezien, een identiek stel beurse plekken boven mijn sleutelbeenderen hebben bezorgd.

Drie uur lang, ongeveer vijftien kilometer, komt de route overeen met een weggetje dat door boeren en plaatselijke bewoners wordt gebruikt, maar in de stad Biduedo buigt hij ervan af en wordt een smal zandpad. Nu is de route een pelgrimspad en niets anders dan dat; eeuwenlang zijn de enige mensen die eroverheen hebben gelopen diegenen die op weg waren naar Santiago.

In Ramil houd ik, hongerig, halt bij een restaurant, waar een menu buiten hangt dat in het Frans, Engels en Duits is vertaald. Binnen zijn alle tafels bezet door pelgrims, hun fietsen liggen op een warrige hoop bij de ingang. Door het raam zie ik ze lachen en zingen en tafelvoetbal spelen. Ik keer me af van het lawaai, de dreiging om daardoor te worden omsloten. Vijf uur lang heb ik de stilte van de refter van O Cebreiro met me meegedragen en ik zie als een berg op tegen de verplichte uitwisselingen onder pelgrims, van wie we zijn en waar we vandaan komen, wat we doen en waarom we zulke tochten ondernemen. Ik voel me iedere keer minder in staat om ook maar één van deze vragen met zekerheid te beantwoorden en dus verleid ik mezelf met een paar handjes van een wandelaarsmix en een pak abrikozennectar ertoe om door te lopen.

Er gaat nog weer een uur voorbij en ik ben in Tricastela, waar ik het kerkhof op loop en tussen de grafstenen door wandel. Sommige daarvan zijn van een grootse pracht en versierd met rode glas-in-loodramen waar de zon doorheen schijnt, de kale grond tussen de graven met bloedvlekken besprenkelend. In de kerk bevinden zich geen beelden waarvoor ik kan neerknielen, er zijn geen kaarsen om te branden, niets waaraan ik nog een paar peseta's kan spenderen. Op de tafel naast het altaar liggen een stempel en stempelkussen en aangezien ik geen officieel pelgrimspaspoort heb, gebruik ik die om een herinnering aan deze overtreding op een bladzij van mijn dagboek te drukken. De gewadenkamer, waar het koorhemd en de stola van de priester hangen, is open, de deur staat op een kier, en ik ga er binnen. Op een tafel bedekt met een wit laken liggen voorwerpen uitgestald die ik makkelijk zou kunnen meenemen: een dienblaadje met daarop ampulla voor wijwater en miswijn, een jakobsschelp, een zilveren dienblad. Het mooiste voorwerp is een klein, scharnierend houten kistje met daarin een flesje met olie; de olie waarmee de priester de stervenden zalft. Ik pak het op en ruik eraan. Wat zou ik dit kistje graag willen hebben. Ik overweeg het te stelen of het te kopen – ik zou er meer geld voor kunnen neerleggen dan het waard is –, maar beide lijken even fout, want in beide gevallen zou de priester met lege handen achterblijven en de stervenden verstoken zijn van het laatste oliesel. Waarom wil ik het zo graag hebben? Om mijn gevoel van sterfelijkheid te sussen, om mijn kerngezonde zelf dagelijks te zalven? Ik ben al sinds jaar en dag mijn eigen priester, vanaf het moment waarop ik tijdens een achterstallige pinksterbiecht tegen de pastoor van onze parochie in Brooklyn zei dat ik getrouwd was met een quaker, en dat hij en ik samen twee ongedoopte kinderen hadden. 'Wel,' zei hij, 'ik kan je daarvoor geen absolutie geven. Als dat waar is, ben je geen katholiek.'

'Wat zou ik moeten doen om weer door de Kerk te worden aangenomen?' vroeg ik, geïrriteerd door deze conversatie die volgens mij niets te maken had met mijn zonden, een onderwerp waar we nog niet aan toe waren gekomen.

Zijn antwoord – mijn quakerechtgenoot catechiseren en

dan opnieuw met hem trouwen – zette meer tot afvalligheid aan dan tot hervorming. Ik gebruik de kerk bij ons in de buurt om daar in mijn eentje te bidden. Ik mijd de mis, maar ik duw nog altijd de zware deur open om tussen de rijen lege kerkbanken door te lopen en bij het onverlichte altaar te knielen. En ik dompel, als iemand die op het punt staat zijn gezicht te wassen, mijn beide handen in het doopvont en besprenkel mijn hoofd en nek met gewijd water. Soms maak ik net nog een staartje van een paasmis mee en ga ik stiekem tussen de rij wachtenden staan om de eucharistie te ontvangen; ik doe mijn mond open voor de hand van de priester, me bewust van de ongemakkelijke intimiteit daarvan – de vingers van een onbekende die brood op mijn tong leggen. Maar ik ben meestal alleen in de kerk, en ik voel me wel goed in mijn excommunicatie.

Ik steek mijn wijsvinger diep in het flesje met olie en voel daar iets zachts en vezeligs onderin: een propje watten. Als ik mijn vinger terugtrek, blijven er een paar draadjes van aan mijn nagel hangen. Ik zalf mijn hals, mijn hoofd, mijn hart.

Het kistje, dat ik zo graag wil hebben, en dat zo makkelijk mee te nemen zou zijn, laat ik op de tafel staan. In de jaren hierna zullen er momenten zijn waarop ik het me herinner, waarop ik mijn ogen kan dichtdoen en het me precies voor de geest kan halen en een onverminderd verlangen voel om het te bezitten.

~

Het is al drie uur als ik mijn dagmars onderbreek voor wat mijn favoriete tussendoortje voor onderweg zal worden: twee café con leche grandes en een schoteltje *magdalenas*, ofwel madeleines, waarvan de smaak vergeleken met de associaties die ze oproepen weinig opmerkelijk is. Zoals altijd op mijn hoede voor confrontaties met symbolen, bijt ik voorzichtig in mijn eerste cakeje, bijna stiekem, alsof ik bang ben voor de mogelijke effecten ervan. Ik heb nog nooit eerder een madeleine gegeten. Zal het verleden in vliegende vaart terugkomen?

Merkwaardig genoeg is het verleden tijdens deze tocht inderdaad teruggekomen – en dat heeft natuurlijk niets met zo'n cakeje te maken, maar met de dagen van ongewone eenzaamheid, mijn lichaam in beweging, mijn geest los van alles, en het rechtlijnige, impliciet verhalende aspect van een wandeling van hier naar daar. Niet dat ik het verleden niet had verwacht, maar ik had me voorgesteld dat het zich in de vorm van een afrekening zou aandienen – ik stelde me mezelf voor als een moraalaccountant, vastbesloten de boeken te controleren en de balans op te maken en te kijken welke rekening er nog openstaat. Wat had er niet aan het licht kunnen komen dat nader onderzoek, vereffening vergde?

Ik heb me natuurlijk een totaal verkeerde voorstelling gemaakt van de enscenering voor deze privé-zelfkastijding. Ik was al eens eerder in zuidelijk Spanje geweest – het was in de droge maand augustus en gloeiend hete winden deden de totaal verdorde velden ritselen. En ik ben midden in de grijze winter in Burgos en Avila geweest. Ik had me voorgesteld dat het noordwesten van het land een al even moordende omgeving zou zijn. Ik vind Galicië daarentegen weelderig groen en zelfs schokkend mooi. Het water van smeltende sneeuw vloeit in talloze stromen en stroompjes samen en ik wandel iedere dag met het geluid van water in mijn oren, een geluid vol vergeving. Ernaar luisterend herinner ik me gesprekken uit mijn kindertijd, dialogen die zich tussen volwassenen afspeelden, frustrerend en ondoorgrondelijk. Nu zijn ze mysterieus genoeg begrijpelijk voor me, alsof ze opnieuw zijn afgespeeld voor mijn volwassen en wetende oren.

Na jaren ieder gebaar, iedere zin te hebben ontleed met betrekking tot de diepere betekenis ervan – aan wie lag het nu eigenlijk dat alles toen zo verkeerd is gaan lopen? – had ik, voor ik aan deze tocht begon, het gevoel dat ik op het punt stond het complex van schuld en schuldgevoelens te begrijpen waarvan mijn familie aan elkaar hing. Nu, al wandelend, kan ik het bijna in het landschap voor me zien, over de schapen en de weilanden heen gelegd, doorzichtig als een opengewerkt diagram van een enorme, sinistere fabriek met ontelbare hokjes en duizend kleine kamertjes om het allemaal in op te bergen. Ik blijf even staan om hierover na te denken: mijn niet-aflatende zoektocht naar een oordeel, een beoordeling van ons allemaal. Wat heb ik van deze uitputtende pogingen geleerd? Wat heeft het me opgeleverd? Niets en niemendal. Verhulde het in feite niet wat ik wilde: ieder van ons echt te kennen, moeder, vader, grootmoeder, grootvader en mezelf. Was het niet slechts één groot verdedigingswerk, opgericht tegen het waarachtige feit dat we in weerwil van onze tekortkomingen, onze onoverkomelijke tekortkomingen, van elkaar hielden?

Het lonkende, sinistere gebouw stort voor mijn ogen in elkaar, verdwijnt boven het groen en ik zie in plaats daarvan mijn familie – het is of er licht van hen afstraalt, zo mooi zijn ze. Mijn grootvader zit op zijn knieën in zijn tuin. Mijn grootmoeder, blozend en geanimeerd, vertelt een verhaal. Mijn moeder verkleedt zich voor een avondje uit en duwt een allerlaatste haarlokje op zijn plaats. Mijn vader heeft een fototoestel in zijn handen. En het is niet alleen het verleden maar ook het heden dat op me aan komt stormen: mijn man met zijn brede rug is bezig stenen op te stapelen voor de muur die hij wil bouwen – wat zou ik hem graag hier bij me hebben om al die stokoude, droog gestapelde muren te zien; mijn kinderen, lachend, en vrienden – verbazende vrienden, het grote mysterie van vriendschap: liefde die losstaat van seksuele begeerte of bloedverwantschap.

Boetedoening, op blaren lopen, almaar meer penningen van verdienste en lijden bij elkaar vergarend om er mijn voortgang mee te betalen – hoeveel makkelijker kan ik dit accepteren dan het denkbeeld dat ik niets van alles wat ik bezit verdien of kan kopen.

~

'*¿Qué pasa?*'

'A Santiago?'

'¿Solita?!'

'Sí.'

'*!Ay yi!*'

Het is bijna of ik een nieuwe naam heb: Solita, en alle oude vrouwen willen het weten. De mannen kijken alleen maar, met hun armen afhangend langs hun lichaam, maar de vrouwen, echt ouwe besjes, het hoofd bedekt met een hoofddoek, leggen wat ze ook maar in hun handen hebben neer: een emmer, een bos takken, de steel van een riek, en vragen wat ik aan het doen ben. ¿Qué pasa?

Het is zeven uur, nog vijf kilometer voor ik in Sarria ben waar ik de nacht zal doorbrengen, en wat ik aan het doen ben is boven op een rots klauteren om te voorkomen dat ik word meegesleurd door een kudde koeien die door een man en zijn hond haastig naar huis wordt gedreven. Als ze eenmaal voorbij zijn, blijf ik nog even zitten en probeer de afstand naar Sarria te schatten, hoeveel tijd het me zal kosten om de stad te bereiken die daar als een luchtspiegeling naar me ligt te lonken en ongrijpbaar ver weg blijft.

Het probleem is, bedenk ik terwijl ik steeds langzamer ga lopen, dat Sarria geen klein dorp is maar een kleine stad. Ik kom dichterbij, er wordt een steeds groter deel van de horizon door in beslag genomen, maar hij blijft in de verte liggen. De weg is maar hier en daar bestraat en er staan overal waarschuwingen '*¡Perro peligroso!*', met daarbij afbeeldingen van kwijlende honden met enorme hoektanden. De honden liggen aan hun ketting in het stof, hun ogen op een spleetje na dicht, me taxerend. Er is er maar een die me de moeite waard vindt om tegen te blaffen; de andere kijken alleen maar, terwijl ik voortstrompel in de richting van de stad. De schemering lijkt in het vroege voorjaar eindeloos lang te duren. De zon is al uren geleden ondergegaan en toch is het om acht uur nog niet donker, niet meer dan een koel blauwgrijs, waar de gele lichten van Sarria doorheen schijnen.

Plotseling is het lopen afschuwelijk. Ik ben niet alleen kreupel omdat ik mank loop om mijn rechterknie te ontzien, maar ik ben ook zo moe dat ik me flauw en misselijk voel. Om de zoveel honderd meter rust ik even uit en bij het vooruitzicht te moeten gaan staan en verder te moeten lopen, overweeg ik naar het dichtstbijzijnde hotel te liften. Maar het lijkt onmogelijk om een automobilist te laten stoppen en hem met enige kans van slagen in gebarentaal uit te leggen wat ik wil. Ik ben zo versuft van uitputting dat ik niets anders kan bedenken dan maar verder te strompelen in de richting van de lichten. Het groene landschap heeft plaatsgemaakt voor een spaarzaam bebouwde voorstad, een zandweg met aan weerskanten een rij lelijke huizen van stuc en beton, met schapen binnen een omheining in de achtertuin en allerhande troep – oude plastic zakken, auto-onderdelen – her en der neergegooid in de voortuin. Af en toe zie ik een van de vertrouwdere, uit natuursteen opgetrokken, oude huizen, compleet met een oude vrouw ervoor, tandeloos en strak naar me kijkend. Een ervan spuugt iets in haar verweerde handpalm en bekijkt het in het schemerlicht.

Sinds mijn lunch met koffie en madeleines heb ik over uitgebreide avondmaaltijden lopen fantaseren, maar als ik ten slotte in de hoofdstraat van Sarria aankom en een fruitwinkel zie, stop ik en koop een zak clementines die ik onder het lopen afpel. Ik doe geen moeite om de partjes van elkaar te halen, maar verdeel de zoete sinaasappeltjes in tweeën en stop de helften in hun geheel in mijn mond. Als ik Hotel Londres binnenloop, de eerste accommodatie die ik zie, kijkt de vrouw achter de receptiebalie afkeurend naar mijn smerige vingers, kleverig en vol vlekken van het clementinesap.

'¿Solita?' informeert ze en ik knik. Ik moet me inhouden om niet te gaan huilen als ze me de trap wijst die me van mijn kamer scheidt. Die kamer blijkt een claustrofobisch klein hok te zijn, zonder raam, met muren, vloer en plafond bekleed met plastic tegels met een soort marmerpatroon. Bij de wasbak die vol vlekken zit was ik mijn gezicht, en ik doe mijn blouses uit, trek ze in een andere volgorde weer aan, zodat de minst vuile aan de buitenkant zit, maar ik doe mijn broek niet uit want daarvoor zou ik mijn schoenen moeten uittrekken en ik wil mijn voeten pas zien als ik op zijn minst een glas wijn opheb.

Vanaf het trottoir voor Hotel Londres kijk ik links en rechts de straat af en schat het aantal stappen naar de twee restaurants die ik kan zien. Bij de dichtstbijzijnde van de twee bestel ik iets waarvan ik denk dat het een omelet zal zijn, maar dat bij nadere beschouwing een hoeveelheid tonijn is die bij elkaar wordt gehouden door een netwerk van slierten gekookt ei. Het zien daarvan roept een schokkende en diepgewortelde herinnering bij me op aan een vrouw – Billie Amons heette ze – die vroeger mijn grootmoeders huis in Los Angeles schoonmaakte. Billie kwam eens in de week, op woensdag. Ze was een grote, zwarte vrouw die me fascineerde en grote indruk op me maakte vanwege alle opzichten waarin ze van mijn moeder en grootmoeder verschilde. Van wat ze aan restjes in onze koelkast vond, maakte ze tussen de middag eten voor zichzelf klaar; ze kieperde de bakjes en potjes en blikjes lukraak leeg in een koekenpan en bakte er eieren omheen om alle ingrediënten bij elkaar te houden. Ze maakte ook mijn lunch klaar: korstloze sandwiches met boter die ze in vieren sneed; we zaten samen in de ontbijthoek in de keuken, ik op het bankje met de gebarsten bekleding van rood vinyl, zij op een keukenstoel met verchroomde poten. Vaak maakte ik Billie onopzettelijk aan het lachen en als ze lachte kon ik de gouden kies achter in haar mond zien. Haar huid glansde alsof die opgewreven was met boenwas en ze rook naar citroen. Ze gaf me voor mijn zesde verjaardag een flanellen pyjama van onder tot boven bedrukt met rode, veelbladige roosjes, een pyjama die 'onzinnig' was volgens mijn moeder. Meerdere keren heb ik hem uit de vuilnisbak terug moeten halen.

Een glas rode wijn maakt dat die herinnering ineens scherp voelbaar wordt, bijna als verdriet. Misschien huil ik ook wel, omdat ik moe ben, net als een klein kind. De kelner staat handenwringend naast me en schenkt nog wat wijn in mijn glas, terwijl ik probeer ons beiden verdere gêne te besparen door in mijn dagboek te schrijven.

Woensdag, 24 maart 1999, 8.00 uur 's ochtends, Sarria.
Als ik na tien uur slaap wakker word, gaat het wat beter met mijn pijnlijke knie, maar genezen is hij nog niet na die rust. Tijgerbalsem heeft een okerkleurige vlek in de vorm van mijn gebogen rechterknie op het onderlaken gemaakt, en ik bekijk die aandachtig. Ik moet zó moe zijn geweest dat ik op mijn ene zij heb geslapen zonder me te bewegen, de dekens zijn zelfs nauwelijks van hun plaats geraakt, ze zitten aan het voeteneind nog steeds stevig ingestopt.

Twee cafés con leches, twee madeleines, een halve 'Power Bar' en drie clementines later, zit ik nog steeds te wachten tot de *farmacia* aan de overkant van de straat opengaat. De bar van het hotel is een afschuwelijke plek. Het zit er nu, om negen uur, al vol met drinkende en rokende mensen, maar ik verzet geen stap voor ik Advil heb kunnen krijgen. Wat zijn dat voor mannen die de dag beginnen met sigaretten en glazen vol drank? Nieuwsgierig kijken zij naar mij en ik naar hen.

De farmacias in Spanje zijn net kleine heiligdommen, totaal anders dan de enorme en overweldigende drogisterijen als Rite Aids en Kmarts in Amerika, met hun eindeloze rijen schappen met te veel verschillende producten: hoe moet je tussen zoveel soorten tandpasta en shampoo nou ooit een keus maken? Ik raak soms ontmoedigd door de overvloed aan keuzemogelijkheden en loop zonder iets te kopen weer naar buiten. Maar de winkels die ik op de camino tegenkom zijn klein, en de spullen zijn er uitgestald of ze werkelijk waardevol zijn. Ze staan of liggen als heilige voorwerpen op papieren onderleggers. In een kastje staan twee haarproducten om uit te kiezen, een merk zonnebrandcrème, handlotion, wattenstaafjes, een naamloos tubetje tandpasta – het woord 'tandpasta' lijkt te modern voor het kleine, blauwe tubetje – en een stuk of twaalf tandenborstels, zonder stripfiguren of barbie in reliëf op de steel ervan. Eén enkele Rite Aid zou honderd van deze kleine farmacias kunnen bevoorraden.

Achter de glazen vitrine waarin een paar zwarte plastic kammen en scheerapparaten voor eenmalig gebruik liggen, staat de winkeldame, in marineblauw vest en met een bril aan een kettinkje. Na een hele reeks verkeerd uitgesproken woorden en mimegebaren, schrijf ik één woord op een blaadje uit mijn dagboek: Ibuprofen en ze knikt. Uit een lade achter zich haalt ze een stopfles met daarin zestien tabletten.

Op weg de stad uit stop ik twee keer: eerst bij een supermarkt om eten te kopen en vervolgens bij de kerk van het Convento de Mercaderios, waar ik even naar een priester kijk die kinderen onderricht geeft in de rituelen van de Goede Week. Het is mooi en vredig in de kerk, het klasje van acht- of tienjarigen luistert serieus. Er is sprake van een soort symmetrie: ik, die hier zit met een bundeltje voedsel op schoot, kijkend naar kinderen die proberen het heilige te begrijpen. Hoe ver moet ik in mijn leven teruggaan voor ik mijn honger zou beginnen te begrijpen en wat die honger zou kunnen stillen? Door het plastic van het boodschappentasje heen voel ik wat ik vandaag bij de supermarkt heb gekocht: water, een halve baguette, een beker yoghurt, een appel. Ik had zin in een reep chocola, woog die op mijn hand, dacht erover na en legde hem toen weer terug op de plank. Hoeveel eeuwen heeft de Kerk het zich ontzeggen van lichamelijke behoeften en genoegens gelijkgesteld aan de groei van de geest?

Tegen elven heb ik de appel en een stuk van het brood opgegeten. Net voorbij de stad Barbadelo is een man bezig struikgewas te verbranden om een stuk grond vrij te maken. De as wordt door de wind ver van het vuur vandaan gevoerd, en ik zie de zwarte deeltjes langs de blauwe lucht zweven, een paar daarvan komen voor me op het pad terecht. Hanen kraaien; ik heb ze de hele ochtend al gehoord. En de hele route is bezaaid met oude vrouwen, alomtegenwoordige en emblematische oude vrouwen die zich langzaam tussen de eiken, de groene velden voortbewegen. Het lijkt of het verouderingsproces hen heeft ontdaan van ieder greintje moderniteit dat ze misschien ooit hebben bezeten, en of het heden met zijn auto's en computers als een tweede huid van hen is af gegleden, waaronder ouwe besjes tevoorschijn zijn gekomen, precies zoals ze in sprookjesboeken staan afgebeeld. Altijd met een schort voor en het hoofd bedekt met een sjaal, sjouwend met manden of bundels van het een of ander, hebben ze iets van heksen, alsof ze ieder ogenblik een vergiftigde appel van onder hun cape tevoorschijn zouden kunnen halen.

De velden zijn afgebakend met leistenen muurtjes, *chantos*, een overblijfsel van Galicië's Keltische verleden. Een groep studenten loopt me, druk pratend, voorbij en ik realiseer me dat ik vandaag langzamer loop dan de voorgaande dagen en vaker even stop. Ik ga op een van de muurtjes zitten om mijn yoghurt te eten en er komen vier kalkoenen aanlopen, op een rijtje naast elkaar net als de studenten, maar in stilte. Ze maken een vastberaden, pompende beweging met hun kop en als ik een klokkend geluid maak, blijven ze staan om te kijken waar het vandaan komt. Dan zetten ze het op een lopen, allevier woedend klokkend en met hun stuntelige vleugeltjes fladderend.

Mijn knie doet pijn, hij doet echt pijn. Het is lang niet zo'n nederlaag om dit toe te geven als ik verwacht. Het is of ik daardoor op de een of andere manier toestemming heb gekregen om me te ontspannen. Ik zit op het muurtje, zwaai voorzichtig met mijn been en voel het kraken in het gewricht. Christian Science, het geloof waarin ik tussen mijn tweede en tiende jaar grondig ben geïndoctrineerd, was een geweldig systeem van ontkenning, een systeem dat ik zo nu en dan heb toegepast om pijn en ziekte op pure wilskracht te doen verdwijnen. De paar successen die ik daarmee boekte, maakten dat alle mislukkingen des te vernederender waren. Nu ik mijn knie voel en besluit me er niet tegen te verzetten, realiseer ik me dat ik altijd heb begrepen dat transcendentie voortkomt uit ontkenning. Wat nu als het juist door het tegendeel komt, door aanvaarding?

Ik loop door Lavandeira, een piepklein dorp waarvan ik

om de een of andere reden heb gedacht dat het een druk, klein handelscentrum was, met een winkel waar ik een elastisch knieverband zou kunnen kopen, een bar met café con leche, een telefoon om naar huis te bellen voordat de kinderen naar school gaan. Dat ik dat dacht kwam door de kracht van het verlangen, vermoed ik, de kracht die bepalend is voor wat we geloven.

Twee uur 's middags en ik ben in Brea, een ander piepklein dorp, opmerkelijk vanwege zijn wegwijzer met daarop '*100 km a Santiago*'. Drie meisjes met rugzakken op hun rug komen op me af en steken me hun fototoestellen toe. Ik neem foto's van ze terwijl ze naast de wegwijzer poseren. Een van hen biedt aan, in het Engels met nogal een accent, om er ook een van mij te maken en me die op te sturen. 'U schrijft,' zegt ze. 'U schrijft het adres,' maar ik schud mijn hoofd. 'Nee,' zeg ik, 'nee, dank je. Ik hoef geen foto.'

Brea's andere bezienswaardigheid is een konijnenfokkerij, zoals ik ook wel voor kippen heb gezien; honderden witte konijnen in een betonnen gebouw, konijnen die veel erger stinken dan varkens of geiten of koeien of wat dan ook dat ik ooit heb geroken. Het komt misschien alleen maar door de ongerijmdheid van die stank die afkomstig is van zulke betoverend witte dieren. Hoe komt het dat hun vacht niet vuil wordt, terwijl ze daar zo afschuwelijk op elkaar gepakt zitten? Ik loop door, maar kan het beeld van die konijnenschuur niet van me afzetten en stel me de hordes in het zwart geklede goochelaars voor die zoveel witte konijnen nodig zouden hebben, of – erger – alle kleine pootjes die worden afgehakt en geverfd om er kleurige amuletten van te maken.

De drie meisjes en ik halen elkaar over en weer steeds weer

in en we lopen allemaal te strompelen, merk ik met een zekere genoegzaamheid op, aangezien ik heb geconcludeerd dat ik zeker vijftien jaar ouder ben dan zij. Maar die zelfgenoegzaamheid duurt niet lang: uit de kaarten maak ik op dat ik nog maar nauwelijks halverwege ben van de 22 kilometer van vandaag. In het dorp Ferreiros – wat 'hoefsmeden' betekent en waar de pelgrims hun paarden konden laten beslaan en de zolen onder hun laarzen konden laten vastspijkeren – vind ik waarnaar ik op zoek was: een bar met een publieke telefooncel, en ik bel naar huis, praat bijna twintig minuten lang met mijn kinderen, terwijl ik alle munten die ik heb in de gleuf laat glijden: 2292 peseta's, of zestien dollar – goedkoop voor het plezier dat ik ermee koop. Wat heb je vanochtend bij het ontbijt gegeten? Welk boek heb je gelezen? Is het een troep in je kamer of is het er netjes? Ik laat de ene nutteloze vraag over de andere heen buitelen, opdat ik naar het geluid van hun stemmen kan luisteren, die altijd hoger en schriller klinken dan wanneer ik ze lijfelijk voor me zie; en daardoor lijken ze jonger, kwetsbaarder dan het beeld dat ik van hen heb.

'Vlug, geef me papa even,' zeg ik als ik mijn laatste munten in het apparaat laat vallen en de laatste paar minuten heb ik Colin aan de lijn en wij hebben een iets ander, maar in essentie al even inhoudsloos gesprek, een boodschap die in een oogwenk over te brengen zou zijn: wij zijn hier, wij allebei, levend en wel, hoewel we vele honderden kilometers van elkaar verwijderd zijn, en toch moeten we deze verbinding, dit contact zo lang mogelijk in stand houden. Tot ik mijn allerlaatste muntje heb gespendeerd en de tijd helemaal is verlopen.

Ik hang op en blijf voor me uit staan staren, gevangen tussen het hier en het daar, tussen deze voettocht, deze voortgang

– deze tijd buiten de tijd – en mijn echte leven, mijn werk en mijn gezin. Er komt een man op me af die me een sigaret toesteekt, een remedie voor wat het ook is dat deze voor zich uit starende vrouw mankeert. Ik begin nee te zeggen, maar bedenk me dan en neem de sigaret aan. Hoe plezierig zou hij kunnen zijn, deze kleine zonde, als hij wordt bewaard voor een van die schilderachtige leistenen muurtjes, terwijl banen van gouden zonlicht schuin over de groene velden vallen. Hij wil me een vuurtje geven en ik schud mijn hoofd. 'Gracias,' zeg ik en leg de sigaret voorzichtig tussen de bladzijden van mijn dagboek, waar hij niet kapot kan gaan.

Hij scheurt een paar lucifers uit zijn lucifermapje en geeft me die ook. '*Vaya con Dios*,' zegt hij.

'¡Gracias!' zeg ik weer, '¡Gracias!' en ik schud hem zo stevig de hand, alsof hij me een geschenk van grote waarde heeft gegeven – wat voor mijn gevoel ook zo is.

Nu ik minder dan honderd kilometer – vier dagen lopen – van Santiago vandaan ben, roepen meer en meer mensen die ik tegenkom me begroetingen toe, meestal 'Vaya con Dios' en nog een dergelijk zinnetje, dat ik nog nooit eerder heb gehoord: '*Vaya con fé*'; het is wat minder aanmatigend en het klinkt aardiger.

Vier kilometer voor Portomarín vind ik het muurtje waarvoor ik mijn sigaret heb bewaard en ik steek hem aan door een van de lucifers langs een ruwe steen te strijken. De tabak maakt me duizelig, een wervelende, zoetgeurende draaierigheid die zeker niet onaangenaam is. Gouden strepen van licht priemen tussen de bomen door en bloemen zijn er ook: heel kleine, driekleurige viooltjes en gele bloemen die lijken op een veel groter soort viooltje en enorme schermen van de wilde peen, heel gewoon en toch zo verbazingwekkend mooi. Grote brokken graniet steken boven het hoge gras uit en de lucht is zacht. Ik lig op het muurtje met mijn voet tegen een boomstam, mijn knie een volle tien minuten omhooghoudend, tot het vijf uur is. Deze dag heeft me veel lesjes over pijn geleerd en hoe die verband houdt met ongerustheid. Terwijl ik me zorgen liep te maken of ik wel een telefoon zou kunnen vinden om mijn kinderen te bellen voordat ze naar school gingen, intussen tekeergaand tegen mezelf omdat ik de avond tevoren niet had gebeld, deed mijn knie heel wat meer en intenser pijn dan nadat ik had opgehangen. Toen heeft hij een uur of zelfs meer dan een uur helemaal geen pijn gedaan. Misschien heeft dit iets te maken met hoe mijn stofwisseling op Ibuprofen reageert, maar ik denk eigenlijk van niet. Als ik rustig ben lijkt de pijn echt minder. Als ik me er zorgen over maak, wordt die erger, en dreigt dan de totale ervaring van het lopen te overheersen.

Er zijn zoveel boeren in deze streek die bijen houden, dat er constant gezoem te horen is.

Dit werkt zo nu en dan flink op mijn zenuwen, maar als ik van mijn muurtje af klim is het pulserende geluid rustgevend, als een mantra. Tegen zessen zie ik de rivier de Mino en de twee steden Portomarín: de overblijfselen van de middeleeuwse stad die bijna geheel onder het wateroppervlak van de rivier ligt en een volgende incarnatie ervan die hoger op de noordelijke oever is verrezen. Ik blijf midden op de brug staan om naar de verzonken muren onder me te kijken. Het wateroppervlak van de rivier lijkt kalm, maar daaronder deinen lange, groene wieren op de stroom mee en de afbrokkelende muren onder dat golvende groen lijken heen en weer te zwaaien en te dansen. Hoe komt het toch dat ruïnes onder water zo sterk op de verbeelding werken? Als je ziet hoe vissen deuren in en uit zwemmen, doet dat iets met die deuren, het brengt ze van gewone vergankelijkheid over naar het rijk der mythen: transformatie in plaats van verval.

De brug leidt naar een straat die misschien niet zo steil lijkt, ware het niet dat ik een rugzak draag, een pijnlijke knie heb en dat het al laat is. Maar wanneer ik op de plaza in het centrum aankom, blijkt daar alles te zijn wat ik nodig heb: drogist, hotel, restaurant en de kathedraal waarvan de deuren op een vlaag orgelmuziek plotseling openzwaaien. Een zwerm fragiele vogeltjes vliegt alle kanten op, zwart afstekend tegen de lichtgekleurde stenen muren, als muzieknoten die opstijgen. Het is Aswoensdag, de woensdag voor Palmpasen, en rond iedere straathoek verschijnen zwijgende stromen in het zwart geklede vrouwen, het hoofd zedig bedekt met kant. En, niet in staat weerstand te bieden aan zoveel onverwachtse schoonheid, loop ik achter hen aan en stap onder het booggewelf van het voorportaal van de Sint Nicolaaskerk door de flonkerende duisternis in. De zijkapellen die helder verlicht zijn door de vele votiefkaarsen die er branden, steken af tegen de diepe schaduwen van het middenschip.

Ik sta op, ga zitten en kniel tezamen met de rest van de congregatie; ik hoef niet naar de woorden te luisteren, aangezien ik die niet kan verstaan, hoewel ik de vertrouwde rituelen van de mis wel volg en fluisterend mee prevel wat ik nog van de Engelse liturgie weet. De priester gaat bij het bewieroken van het altaar grondig te werk; hij vult het wierookvat en zwaait het zo krachtig heen en weer, daarbij dikke, prikkelende wolken wierook verspreidend, dat het kruisbeeld achter het altaar even aan het zicht wordt onttrokken en degenen die in de voorste banken zitten beginnen te niezen en te hoesten. Nogal in het oog lopend in mijn vieze plunje, wacht ik op mijn beurt om de heilige hostie uit de hand van de priester te ontvangen; en omdat ik duidelijk een pelgrim ben, ontvang ik ook zijn zegen. Heel even laat hij zijn hand op mijn blote hoofd rusten en prevelt een gebed dat ik niet kan vertalen. Als ik weer terug ben op mijn plaats en daar neerkniel, kan ik mijn tranen niet verklaren, net zomin als ik ze kan inhouden.

Na het eten in de Posada de Portomarín, waar ik een kamer heb die over de plaza en op de kathedraal uitkijkt, sorteer en was ik al mijn sokken en ondergoed op één paar sokken en één onderbroek na, die ik droog houd voor morgen. Ik laat alles in warm water weken en gebruik bij het wassen een heel ministukje Maya-zeep, het merk zeep met de flamencodanseres op de zwarte verpakking – een oude favoriet van mijn moeder en een die ik al in geen jaren, in geen tientallen jaren heb geroken. Ik leg het papiertje tussen twee bladzijden van mijn dagboek. Na mijn wasje drie keer gesopt en gespoeld te hebben, blijft het water eindelijk helder en wring ik de sokken en het ondergoed uit, rol alles in de badhanddoek en ga erop staan om het water eruit te drukken.

Deze rituelen van properheid verschaffen me een plezier dat uitstijgt boven de tevreden gedachte dat ik morgen geen vuil ondergoed hoef in te pakken en te sjouwen. Het meditatieve aspect van de bedevaart wordt versterkt door het verrichten van deze kleine en solitaire taken. De wasserijservice van een hotel zou het beter kunnen en zou de gewassen kleren terugbezorgen, zacht van de droogtrommel waarin ze hadden rondgetold, maar ik heb daar geen tijd voor, en door het vuil uit mijn sokken te schrobben dat ik er stap voor stap in heb gelopen, maak ik een cirkel rond en dat verschaft me een fragmentje van iets dat aanvoelt als weten, zo niet als kennis. Ik moet aan onze kat denken, die 's avonds altijd binnenkomt en op haar favoriete stoel gaat zitten om ieder pootje even grondig te wassen, waarbij ze haar kop ritmisch op en neer beweegt, haar ogen op een spleetje na dichtgeknepen van puur genoegen.

Donderdag 25 maart 1999, 9.00 uur 's ochtends, Portomarín. Tijdens het ontbijt is het restaurant van het hotel in beslag genomen door een groep middelbarescholieren, tafel na tafel is rondom vol met meisjes en jongens in uniform. Ik grijp dit dankbaar als excuus aan om mijn café con leche en madeleines aan de bar te gaan nuttigen, waar ik het gevoel heb, in mijn eentje etend, minder op te vallen. Het eeuwige tv-toestel hangt aan een haak aan het plafond en boven mijn hoofd is een speelfilm aan de gang, een of ander avontuur van een meisje dat niet wil deugen, waarin veel achtervolgingen in auto's met open kap voorkomen en strandfeesten met hordes uitzinnige tieners dansend in bikini. De energie op het scherm maakt mijn gevoel van uitputting des te voelbaarder, ik heb overal pijn, ben door en door vermoeid en belachelijk ontmoedigd door het feit dat mijn kleren geen van alle droog zijn, de gewassen kleren niet en ook de rest niet. Ik heb toen ik sliep het raam open laten staan en het moet urenlang hebben geregend. Toen ik wakker werd, hing er een vochtige lucht in de kamer en mijn dekens zaten zelfs vol heel kleine waterdruppeltjes.

Ik koop een rekverband – *elástica fuerte* – en verbind daarmee mijn knie, wat wel iets lijkt te helpen, maar om de waarheid te zeggen doen mijn benen op deze vijfde dag overal zo'n pijn, dat het moeilijk is er één individuele pijn uit te halen, en dat is bijna een zegen.

Als ik eenmaal de stad uit ben, begint het te regenen; niet hard maar gestadig, een grijze, slaapverwekkende regen die sissend door de dennennaalden valt en spetterend op bladeren terechtkomt. Ik zou zijn gezwicht voor het verlangen ergens te gaan liggen, als er geen slakken waren geweest. Zwarte, leerachtige naaktslakken die veel groter zijn dan ik ooit heb gezien. Ze zijn zeker twaalf centimeter lang en lopen kriskras over het pad, er hun kronkelige, glinsterende sporen als decoratie op achterlatend.

Wat ik van mijn poncho niet heb voorzien, is dat hij zo lawaaiig is. De regen klettert op de capuchon en dat maakt een akelig, kletsend lawaai. Als hij goed is dichtgeknoopt, met drukkers onder de kin zodat hij niet achterover kan waaien, is het of ik oogkleppen opheb. Omdat ik niet naar opzij kan kijken, wordt het wandelen teruggebracht tot niets anders dan tegen de regen in voorwaarts sjokken. Diverse keren stop ik om de capuchon af te doen, maar ten slotte trek ik hem toch weer over mijn hoofd omdat ik het koud heb.

Tegen enen is het opgehouden met regenen, misschien ben ik ook wel onder de wolken uit gelopen. Ik vind een muurtje dat droog genoeg is om erop te gaan zitten en pak het eten uit dat ik heb gekocht: brood en jam en zonnepitten, een pak abrikozennectar. Het is hier, even buiten Castromayor, onwezenlijk stil – een intens groene, vegetatieve stilte die maakt dat denken zinloos, verspilling van energie lijkt. Ik heb een ongewoon gevoel van leegte over me, als van een leeggegooide beker, en dat is noch plezierig noch echt onplezierig. Ik zit op het muurtje in mijn natte kleren, bijna warm als de zon tevoorschijn komt. Een keten van harige rupsen, languit op het zandpad, de ene vastgehaakt achter de andere, is een merkwaardig fenomeen dat de komende kilometers vaker te zien zal zijn. Ik tel 31 rupsen, die zich niet bewegen maar aan elkaar vast lijken te zitten. Heeft het met hun voortplanting te maken, de uitwisseling van zaad of een mogelijk andere vloeistof? Is het om aanvallers af te schrikken door met elkaar groter te lijken dan een klein hapje? Ik blijf er een poosje naar zitten kijken, maar er komt geen beweging in.

Tegen halfdrie 's middags ben ik in Ligonde, waar ik vanuit een telefooncel op straat naar huis bel, een kort gesprek omdat de verbinding heel matig is en het weer eensklaps verslechtert. Natte sneeuw, met hagel ertussen, komt in vlagen onverdunde narigheid van opzij op me aangestormd, verandert voortdurend van richting en maakt dat mijn ogen en wangen gaan steken, mijn poncho om me heen zwiept. De wind blaast hem telkens omhoog en kletst me ermee in mijn gezicht. Als een groep van zes pelgrims met fietsen aan de hand me voorbijlopen, volg ik ze. De jakobsschelpen die van het stuur van hun fiets af hangen, lijken voldoende garantie dat we op dezelfde bestemming afgaan en ze zijn makkelijker te zien dan de routemarkeringen. Een uur later houden ze halt bij een kroeg langs de kant van de weg – *Welcome, Bienve-*

nue, Willkommen Pelegrinos staat er op een klein, gedeukt bord boven de ingang – en ik stop ook. Als één man stappen we het bedompte en morsige huis binnen.

Zestien mensen zitten dicht tegen elkaar aan gedrongen rond een schragen tafel, overwegend in het Frans pratend, hoewel iedereen zo nu en dan op zijn eigen taal terugvalt zonder rekening te houden met het feit dat zijn toehoorder die niet verstaat. Onze gastvrouw, van over de zeventig, schenkt koffie uit een emaillen koffiepot in gehavende gele mokken, verschrikkelijk vieze koffie, die vreemd genoeg slap en tegelijkertijd ook bitter is, maar warm. We doen er, uit een kom voor algemeen gebruik, opgehoopte lepels suiker in en melk uit een kan. We drinken onze bekers leeg, houden die op en vragen om meer. Op een snijplank snijden we dikke plakken van een groot, bultig brood, besmeren die met boter en donkere honing, een troostrijke, kinderlijke ervaring die me terugplaatst in de tijd: ik zit op een rood plastic stoeltje op de kleuterschool en wacht op mijn beurt om een cracker te mogen pakken uit het mandje dat het ene na het andere kind wordt voorgehouden.

Het weer buiten is onveranderd stormachtig en ruw, en iedereen blijft rond de kleverige tafel hangen, intussen in gebroken Frans advies en informatie uitwisselend. Een van de wielrijders vertelt me dat we over een poosje in Alto do Rosario zullen zijn, vanwaar we, als het weer wat beter wordt, de Pico Sacro kunnen zien liggen, de 'heilige berg' bij Santiago, waar de mythische koningin Lupa de discipelen tegenop stuurde toen ze op zoek waren naar een geschikte plek om de stoffelijke resten van de heilige Jacobus te begraven. Van oudsher is dit uitzichtpunt dé plek om even stil te staan en een rozenkrans te bidden, of althans even te pauzeren en te mediteren, maar op deze regenachtige en winderige middag kom ik in Palas de Rei aan zonder Alto do Rosario ooit te hebben gezien, noch veel van het pad voor me. Ik heb bijna 25 kilometer afgelegd, maar het is pas vijf uur en nog redelijk licht, lichter zelfs dan het de hele dag is geweest, en binnenkort wordt het donker. De gedachte nu mijn intrek te moeten nemen in een hotelkamertje lijkt me onverdraaglijk, claustrofobisch, dus blijf ik, mijn bange voorgevoelens ten spijt, doorlopen – krankzinnig, volstrekt krankzinnig, zeg ik voortdurend tegen mezelf. Geen van mijn reisgidsen geeft aan dat er tussen Palas en Melide logiesgelegenheden zijn – en Melide ligt nog zeker vijftien kilometer verderop –, maar ik kan mezelf niet tot stoppen dwingen.

Ten oosten van Palas de Rei wordt de weg een pad, en dat zakt steeds verder de grond in tot ik uiteindelijk door een diepe geul loop. Het regent niet meer, maar de lucht is nog steeds vochtig en mijn doorweekte kleren worden er niet droger op. Ik ben blij dat ik mijn capuchon niet meer op mijn hoofd hoef te hebben en zolang ik maar in beweging blijf, heb ik het warm, al heeft het onder mijn poncho iets weg van een stoombad. Ik laat onder het lopen mijn vingers over het mos glijden, dat op de kanten groeit van wat zou kunnen worden aangezien voor een rivierbedding: eeuwenlang zijn stromen pelgrims erdoorheen getrokken en hebben het pad zo diep uitgesleten dat ik niets van de bezienswaardigheden kan zien waar ik langskom: niet de twaalfde-eeuwse, Romaanse kerk van San Julian do Camino noch het kasteel van Pambre.

Waarom ben ik zo gesteld op dit pad? Waarom houd ik er zo van? Hoe komt het toch dat er zo'n troost, zo'n geruststelling van uitgaat, te weten dat mijn voetafdruk er gewoon één van miljoenen andere is? Iedere dag weer put ik mezelf uit tot op het punt waarop de dingen waar toeristen op uit zijn mij volstrekt koud laten: winkels en bezienswaardigheden en restaurants en kunstgalerieën, brokstukjes van een onbekende cultuur, aanlokkelijk en betaalbaar. Het enige dat ik wil is wat mijn voeten me opleveren: een gevoel van verbondenheid met diegenen die dood zijn en tegelijkertijd ook met diegenen die nog geboren moeten worden; mezelf stap voor stap steeds verder naar een vollediger bewustzijn lopen van de sterfelijkheid, ieder leven onverdraaglijk nietig, onmogelijk kort, terwijl de tijd en de geschiedenis voortdurend achter- en voorwaarts stromen. Als ik niet op dit pad ben, maar thuis in mijn gewone doen, maakt het nadenken over deze waarheid me verdrietig en neerslachtig, maar onder het lopen is het precies het tegenovergestelde: ik voel me springlevend, voel het vuur van mijn nietige leven helder branden. Dat het ooit zal worden gedoofd lijkt me terecht en zelfs mooi. Wat zou ik waard zijn als ik mezelf voor altijd had?

Als ik het mos onder mijn vingers op een armlengte bekijk, lijkt het of het misschien wel aanvoelt als fluweel, stralend groen als een juweel, glad als chartreuse-likeur. Maar het voelt ruw aan, bijna stekelig, en als ik stilsta om het goed te bekijken, blijkt het schijnbaar uniforme groen te bestaan uit een heel scala van tinten, van bijna geel tot smaragdgroen. Ik bekijk het van zo dichtbij dat ik met mijn neus tegen het oppervlak van dicht opeengepakte, minuscule, varenachtige blaadjes aan kom. Eenmaal gestopt om het te bekijken, kost het me moeite mijn blik ervan af te wenden.

Ten westen van Disicabo – ten westen van nergens – kom ik

weer boven en stuit op een hotel op een open plek in het bos, een niet zo voor de hand liggende plek voor een hotel, maar het lijkt op de een of andere manier toepasselijk dat ik, in gedachten verzonken, uit het diep uitgesleten pad tevoorschijn kom en meteen een plek vind om uit te rusten, zonder ernaar te hebben hoeven zoeken. Ik druk op de bel en wacht, kijk tussen mijn gekromde handen door het raam naast de voordeur. Er wordt niet opengedaan en er is niemand in de lobby. Op de balie staat een vaas met verse bloemen (of zijn het kunstbloemen?); een krant ligt ongeopend op een laag glazen tafeltje dat tussen twee clubfauteuils is geplaatst; blauwe en gele vlammen likken langs een kunstmatig houtblok in de open haard. Ik kijk ernaar, met mijn voorhoofd tegen het koele glas gedrukt, terwijl ik nog eens aanbel en voor de derde keer naar het schelle geluid van de elektrische bel luister. Wat een merkwaardig hotel is dit, met lege parkeerplaatsen aan weerskanten en het ziet er heel on-Spaans uit, alsof het ergens langs een snelweg in het middenwesten van de Verenigde Staten is opgetild en in dit wildvreemde landschap is neergezet. Het is nog zes kilometer naar Melide, een uur lopen na zonsondergang, maar er is niemand die op mijn bellen reageert en ik zeg tegen mezelf wat een ongunstig voorteken dat zogenaamde houtblok is, met zijn blauwe gasvlammen die geen warmte geven.

Ik sla af naar het aangegeven pad, dat van de asfaltweg afbuigt en een bebost gebied in gaat. Tussen de bomen is een open veld te zien en ik hoor daar een vreemd snuivend geluid vandaan komen dat door een koe wordt voortgebracht, althans dat denk ik. Ik stel me het dier voor met haar neus met de enorme neusgaten in een graspol gedrukt en met horten en stoten uitademend, maar als ik naar haar zoek vind ik geen koe maar een man, en hij staat te masturberen. Niet ergens verscholen in een hoekje, niet aan het zicht onttrokken door bomen of struikgewas of een hooimijt, nee: hij staat precies in het midden van een weelderig groen veld met viooltjes her en der tussen het gras. Hij ziet dat ik hem zie, hij houdt er niet mee op, hij doet zijn broek niet dicht en maakt niet dat hij wegkomt. Bang geworden ga ik sneller lopen, omdat lopen me om de een of andere reden veiliger lijkt dan hardlopen, dat als een beschuldiging zou kunnen worden opgevat, maar ik loop in de richting van dichte bossen aan weerskanten van het pad, en alle rationalisaties daargelaten, mijn knieën doen me te veel pijn om hard te lopen, laat staan om harder te lopen dan wie ook, en mijn rugzak is loodzwaar, mijn kleren doornat – er zijn legio redenen waarom ik deze man niet zou kunnen ontvluchten, groot, zwaar en gespierd als hij is. Ik dwing mezelf te bedenken dat exhibitionisten over het algemeen niet bekendstaan als gewelddadig of geneigd iemand te verkrachten, maar toch.

Ik keer op mijn schreden terug en hij ziet me en ik zie dat hij me ziet. We voeren een reeks bizarre choreografische bewegingen uit, waarbij hij en ik eerst deze en dan de andere kant op gaan, en ik kom er maar niet achter of hij bang is en probeert weg te komen of op me loert en van plan is me te bespringen. Vervolgens lopen we allebei naar het oosten, hij aan de kant van het bos, ik aan de kant van de weg, met het veld tussen ons in, en geen van ons beiden gaat dat groene schemergebied ertussen in, geen van beiden loopt sneller of langzamer dan de ander. Wat mij betreft: ik ben in paniek en bid dat er over dit verlaten stuk asfaltweg een auto mag langskomen, wie dan ook, die ik kan laten stoppen en om een lift kan vragen naar Melide, maar er komt alleen een enkele vrachtauto voorbij, de chauffeur zit hoog en onbereikbaar in zijn cabine en de vrachtwagen rijdt te snel om de vrouw die daar op de vluchtstrook staat te zwaaien op te merken, een vrouw in donkere kleding en lopend in een donker landschap.

Omdat de man daar nog steeds loopt met zijn penis open en bloot in zijn hand, houd ik mijn blik op de grond voor me gericht, waarbij ik hem net genoeg in de uiterste grens van mijn blikveld houd om het te kunnen zien als hij ineens harder gaat lopen en over het veld op me afkomt, maar zonder in zijn richting of recht voor me uit te kijken. Plotseling is daar een bocht in de weg en daardoor komt er een verlicht uithangbord in zicht – *Bar-Restaurant-Sprechen-Sie-Deutsch* – en ik hol eropaf, dwars over een talud, en ik merk dat ik andermaal op weg ben naar een helverlichte, lege lobby. Maar in dit etablissement zit de deur niet op slot en ik val er hijgend binnen.

'Hola.' Er komt een meisje tevoorschijn, haar handen aan haar broek afvegend.

'¿Habitación?' antwoord ik, op hoop van zegen, omdat er 'restaurant' op het bord staat en geen 'logement' of 'hotel'.

'Sí.' Zonder verdere plichtplegingen – ze vraagt me niet eens naar mijn paspoort of creditcard – overhandigt ze me een sleutel, nummer 1, en instrueert me in een mengelmoesje van Engels en Spaans dat ik weer naar buiten moet, dan naar links, waar ik een trap zal aantreffen met bovenaan een deur met nummer 1 erop.

Er is een man daar, zou ik kunnen zeggen, zou ik *moeten* zeggen, een man die masturbeert, maar de moeite die het me ongetwijfeld zou kosten om dit over de taalbarrière heen uit te leggen, en de pantomimegebaren die ik daarvoor zou moeten maken, houden me al bij voorbaat tegen.

'Meteen buiten de deur?' vraag ik.

'Ja,' zegt ze en als ze ziet dat ik niet in beweging kom, neemt ze de sleutel weer van me over. 'Kom. Ik wijs u de weg.'

Boven aan de trap steekt ze de sleutel in het slot, doet de deur open en reikt naar binnen om het licht aan te knippen. Het is de enige kamer die ze hebben, vertelt ze me, de andere zijn nog niet gebouwd en er is geen restaurant, alleen een bar.

'Dank u,' zeg ik. Ik luister naar het lawaai van haar schoenen op de metalen treden van de trap terwijl ze naar beneden loopt. Het raam laat niets zien. Buiten is het zwart.

Hoe zou het toch komen dat baden, het wassen en opvouwen van kleren en schoonmaken zo'n door en door troostend effect hebben? Is het omdat we daarmee een herbeleving ensceneren van hoe we als kind werden verzorgd, weerloos als we waren tegen vuil en wanorde, toen de enige chaos die we kenden deze uiterst goedaardige en herstelbare, huiselijke chaos was? Mijn avondeten bestaat uit koekjes en water en gedroogd fruit. Ik zit op het bed te kauwen en overzie intussen mijn kleren zoals die van iedere knop en haak en vensterbank af hangen; de radiator is bedekt met uitgewrongen kledingstukken, wat waarschijnlijk niet ongevaarlijk is. De kamer begint al naar geschroeide katoen te ruiken, maar ik kan het niet verdragen nog één dag kletsnat te zijn.

DRIE

Vrijdag, 26 maart 1999, 8.45 uur 's ochtends, ten westen van Disicabo.

Ik heb mijn kleren bij elkaar geraapt en opgevouwen, en met mijn rugzak op mijn rug daal ik de lange trap buiten mijn kamer af. Achter de bar naast de lobby staat een kortaangebonden, efficiënte man, de vader van het meisje dat me naar mijn kamer heeft gebracht. Zonder een woord te zeggen zet hij mijn koffie op het glanzende oppervlak van de toog. We worden beiden ontelbare malen weerkaatst in de vele spiegels langs alle wanden van dit vertrek – er zijn er zoveel dat je goed moet oppassen wil je je niet vergissen tussen wat echt is en wat spiegelbeeld. Ik zou het vreselijk vinden om in zo'n bar dronken te zijn en op zoek naar de wc. Uit een van de snackautomaten in de foyer haal ik een pakje koekjes en wat *cacahuetes* – pinda's –, die zo strak in aluminium en plastic folie verpakt zitten dat ik de vorm van de nootjes aan de buitenkant kan zien. Ik gebruik mijn zakmes om er een gaatje in te prikken en de lucht wordt met een sissend geluid naar binnen gezogen.

Het avontuur van de vorige avond lijkt, in het volle ochtendlicht bezien – en na een nacht goed slapen –, bijna komisch. En het feit dat alles zo heerlijk droog is: schoenen en sokken en lang ondergoed, heeft me weer nieuwe moed gegeven. Buiten schijnt de zon, die het natte gebladerte zo fel in het licht zet dat het blinkt. De dag begint in aangename eenzaamheid. Ik zie niemand voor me op het pad en er is niemand achter me. Ik realiseer me onder het lopen dat mijn hardnekkigheid om gisteren nog uit Palas de Rei weg te gaan te maken had met de gezelligheid die er in de groep jonge mannen heerste die ik in Ligonde had ontmoet. Ze gaven me een sinaasappel, spraken in gebroken half Frans met me, zeiden dat ik dapper en sterk was – en daar genoot ik op dat moment van – maar toen ze bij het weggaan 'tot straks in Palas' riepen, was ik vastbesloten dat ik ze daar niet weer zou ontmoeten. Ik wilde niet worden betrokken bij een lang en rumoerig avondmaal, met alle moeite die het kost om gesprekken te voeren zonder de taal behoorlijk te spreken, en ik had er geen zin in om me uit de onvermijdelijke uitnodiging te moeten redden om samen te eten.

De route, een stevig aangestampt zandpad met populieren aan weerskanten, doet denken aan schilderijen van Corot en Sisley. Er gaat vredigheid en rust vanuit, het is recht in plaats van kronkelig en toch moedigt het niet aan tot haasten. Om halfelf houd ik mijn eerste pauze, in een café in Furelos, waarover een ruzieachtige oude vrouw de scepter zwaait, die, na me te hebben gevraagd wat ik wil – ik zeg koffie en madeleines – een scherpe woordenwisseling met een andere vrouw voortzet die hysterisch staat te zwaaien met een brood, een kaars en een schaal met kleingeld, die ze zo hard op de counter neer smakt dat al de munten de lucht in vliegen. Na een paar minuten sta ik op, de hoop op koffie opgevend, en beide vrouwen draaien zich naar me om en roepen iets dat met een s begint en waarvan ik veronderstel dat het 'Zitten!' betekent. Vervolgens schenkt de eigenaresse me koffie in en de andere vrouw – haar zuster? haar vriendin? – zet met een klap een bordje met madeleines naast mijn kopje op tafel. Ik drink de koffie snel op, terwijl ze beiden, met hun armen gekruist over hun buik, stuurs naar me staan te kijken. Bij wijze van verontschuldiging omdat ik hun gesprek heb onderbroken, vraag ik of ik een van de hangers met schelp kan kopen waarvan er een hele bos achter de kassa hangt. De vrouw die de koffie inschonk knikt kort naar mijn wijzende vinger. Ze haalt er een van het haakje en schrijft de prijs ervan, plus de prijs van de koffie en de cakejes, op een stukje papier. Liever dan nog langer te blijven betaal ik, stop de madeleines in mijn zak en ga weg.

Het is makkelijk lopen vandaag, door een vlak en mooi, maar niet dramatisch mooi, landschap, een pad dat door een streek loopt die rustig en vredig lijkt. Zo nu en dan zie ik een klein gebouw met een pannendak en muren gemaakt van latten met spleten ertussen, op een stenen basis en met aan een kant een deur. Opslagplaatsen voor maïs ontdek ik als ik bij een ervan heb stilgehouden en een buitenste vlies van een maïskolf tussen de spleten heb uitgepeuterd; maar ze zien er zo leuk en schilderachtig uit, dat ik ze eerst voor kleine heiligdommen hield, meer iets voor symbolisch dan voor praktisch gebruik.

Wat hoop ik aan mijn aankomst in Santiago te ontlenen? Met nog vijftig kilometer of minder te gaan, voel ik me verdrietig en heb ik overal pijn – ik ben zo moe, dat meer en meer suiker het enige is dat tegen mijn moeheid helpt. Ik heb, zoals ik tijdens ons laatste telefoongesprek tegen Colin zei, het gevoel dat ik naar hem toe kom lopen en zo is het ook: ik loop op mijn huis en mijn gezin af. Ik vraag me af of ik dat gevoel niet altijd heb met betrekking tot reizen – dat het een oefening is in het mezelf ergens ver van huis neerzetten en me vervolgens een weg terug banen. Het is deze keer natuurlijk lastiger en meer letterlijk. Iedere dag dat ik loop, kom ik een eindje dichter bij het einde van deze tocht.

Ik draag de hanger met schelp nu om mijn nek, een jakobsschelp met een rood kruis in de holle kant ervan geschilderd. Ik heb hem een uur lang in mijn hand gehouden voor ik hem over mijn hoofd liet glijden. Die schelpen zijn langs de camino in veel winkels te koop, maar het heeft me zes dagen gekost om dit universele symbool van de bedevaartganger op weg naar Santiago aan te schaffen, en ik probeer te begrijpen waarom ik er weerstand tegen had. Is het ongeveer hetzelfde als mijn weigering om een kruisje te dragen, mijn afkeer van zichtbaar gedragen symboliek? Gisteren vroegen de mannen in Ligonde me waar mijn schelp was en ik deed dat met een schouderophalen af. Een kwestie van trots, denk ik, om me met geen enkele groep te willen identificeren.

Het meest onverwachte aspect van deze voettocht was wel de ongekende vredigheid ervan. Wolven en exhibitionisten en norse oude vrouwen daargelaten, hebben de lange periodes van rust me iets geleerd dat ik tot nu toe moeilijk te begrijpen vond: wat werkelijke zenachtige afstandelijkheid eigenlijk was, een toestand van scherp bewustzijn ongehinderd door enige vorm van passie. Het is niet dat ik niets voel – want dat doe ik wel en heel intens –, maar ik voel zonder verstrikt te zijn in emoties, zonder de zo bekende vlagen van verlangen.

Ik voel me tegenstrijdig genoeg door en door één met mijn lichaam en tegelijkertijd is het of ik mezelf door de ogen van een vogel op deze weg zie lopen. Het is aanvaarding, een gevoel dat ik die dingen waartegen ik me zo heb verzet ten langen leste begin te aanvaarden. Ik ben niet alleen gelukkig met mijn bestaan, maar ik voel me ook vreemd bevrijd van de gebeurtenissen die me verdriet hebben berokkend, als een vat dat is leeggegooid, omgespoeld en op dit moment in de tijd schoon en leeg. Het is vreemd en het is plezierig. Het voelt goed, het geeft me rust. Toen ik over deze tocht nadacht, stelde ik mezelf voor als koning Lear op de heide, in ruw weer en in de gelegenheid met de storm mee te tieren en te razen, ver weg van mogelijke getuigen; maar het is een stap voor stap voort ploeteren, steek voor steek, en het heeft helemaal niets dramatisch, het is als een diepe, diepe vijver met een ongestoord en glad wateroppervlak.

Het pad is weer een geul geworden, maar deze keer piepen er aan weerskanten bloeiende viooltjes tussen de rotsen uit.

2.45 uur, Arzúa.

Ik bel vanuit een benzinestation naar huis en de normale chaos komt door de lijn getuimeld. Walker is net van de trap gevallen; Sarah is huilerig; Colin klaagt dat de accu van de auto weer leeg is. Ik luister en probeer te troosten. Het zijn allemaal kleine problemen, en het feit dat ze zo klein zijn is op zich al een troost. Wat is het makkelijk om aan zulke kleine rampen iets te doen, zelfs op deze afstand. Ik hang op en ga op een laag muurtje zitten om mijn kaart te bestuderen. Ik zou in drieënhalf uur in Brea kunnen zijn (een ander Brea dan van een paar dagen geleden – vert.).

Het is winderig en bewolkt, groene heuvels worden overschaduwd door zo'n dik pak wolken dat het lijkt of ze uit een vaste materie bestaan. Zo ver westelijk, zo dicht bij Santiago, zijn de routemarkeringen schaarser en de lucht – kan het zijn dat ik het me verbeeld? – ruikt naar de zee. Het is een donkere dag en het lijkt of de schemering nooit komt, tenietgedaan door een wilde en prachtige storm, zo'n storm waarvan ik graag naast een open haard zou genieten, binnenshuis en horend hoe hij rond het dak raast en de regen tegen de ramen doet kletteren. Maar hierbuiten is het een wind die mijn poncho aan flarden scheurt en de regen zijdelings in mijn ogen blaast, en die me met de gescheurde poncho in het gezicht mept en mijn broek doornat maakt. Het pad lost op in een modderspoor, modder die zo rijkelijk vermengd is met koeienmest, dat ik een branderig gevoel in mijn neus krijg van de lucht ervan. Om de zoveel tijd stap ik half struikelend in een onzichtbare kuil; ik zak er zelfs een keer tot aan mijn knie in weg. Aan weerskanten van het pad staan koeien, op een kluitje bij elkaar en bewegingloos, met smerige flanken en staarten die druipen van de vloeibare uitwerpselen.

In weerwil van het bemoedigende tekeningetje op mijn kaart van een vriendelijk groepje huizen, blijkt Brea niet meer te zijn dan een kletsnatte kruising, zonder hotel of bar; en Salcidos, een paar kilometer verderop, is ook totaal verlaten, alsof de bevolking door de vloedgolf van vuil water dat langs de straat omlaag stroomt is weggespoeld. Op een muurtje zittend, nat tot op mijn ondergoed, laat ik mijn tranen de vrije loop. Het pad is zo glad en glibberig geworden, dat ik twee keer ben uitgegleden en gevallen, waarbij ik mijn slechte knie heb verdraaid en er nog weer nieuw letsel in is ontstaan. Afdalen is daardoor verschrikkelijk pijnlijk geworden, het doet nu zo'n pijn dat ik het alleen maar voor elkaar krijg door achterstevoren te lopen – ik ontdekte dit bij toeval toen ik hulpeloos van pijn en narigheid in het rond tolde. Niet dat dít makkelijk is, want ik moet steeds een paar stappen in de goede richting zetten, dan stoppen en me omdraaien om te zien of er zich iets op het pad voor me bevindt; maar het is te doen. Na het een paar heuvels zo te hebben gedaan, heb ik het proces verfijnd tot een stap, stap, stap, pirouette-om-te-kijken, stap, stap, stap, en zo kom ik vooruit.

Op mijn laatste wandeldag, morgen, zullen er veel heuvels zijn die ik op en af moet, eerst vooruitkijkend en vervolgens achterstevoren met mijn gezicht naar het deel van het pad dat ik al heb afgelegd. Dit zal de nodige bevreemde blikken opleveren, alsof ik een heel bizarre vorm van boetedoening aan het volvoeren ben.

Maar het is nog geen zaterdag. Het is nog steeds vrijdagavond en ik ben door en door nat en doodop. En ik word weer door de oude angst voor wolven overvallen wanneer ik ineens merk dat alle schapen en koeien tegen zessen zijn verdwenen, bijeengedreven in de veiligheid van de schuren. Naar het westen lopend, terwijl het gedempte licht van vandaag achter mijn rug vervaagt, denk ik na over de mogelijkheid dat ik de nacht weleens buiten zou moeten doorbrengen. Ik zou ergens kunnen schuilen en me onder mijn poncho kunnen opkrullen met mijn hoofd op mijn rugzak. En de wolven dan? Het lijkt of het landschap overal om me heen siddert van hun aanwezigheid, iedere gebogen tak is een slanke poot, iedere natte glinstering een loerend oog. Zou ik door een wolf kunnen worden verslonden? Terwijl ik verder naar het westen loop, nog steeds hopend een hotel te vinden, of een café waar ik aan de eigenaar zou kunnen vragen of ik er mag slapen, blijf ik me die vraag maar stellen. Het lijkt zoiets buitenissigs, zo middeleeuws, zo antipostmodern. Te griezelig zelfs om ironisch te zijn.

Het modderige pad verdiept zich weer tot een geul en ik herinner mezelf eraan dat ik altijd obsessief word als ik moe ben en dat het morgen een makkelijke dag zal zijn: maar twintig kilometer tot ik in Santiago aankom, waar ik een kamer heb gereserveerd in een goed hotel, een reservering die tot zes uur 's avonds gegarandeerd is. Als ik tegen drie of vier uur in de heilige stad zou aankomen, zou er nog tijd genoeg zijn om kleren te kopen die ik zondag, Palmpasen, naar de mis zou kunnen dragen. Onbegrijpelijk misschien, maar de gedachte aan een mis in een kathedraal werkt als een katalysator voor mijn tranen; het komt misschien door het idee veilig onder dak te zijn, de geur van wierook, vlammende kaarsen.

Heb ik een poosje met mijn ogen halfdicht tegen de regen gelopen en met mijn gezicht van de wind afgekeerd? Als ik stilsta om mijn rugzak en mijn poncho op hun plaats te sjorren, mijn schouders weer recht en voor me uit kijk, zie ik een massa gele lichten en, als ik een paar stappen verder ben, een verlicht uithangbord: *Hotel-Restaurant O'Pino*, een visioen, zo onverwacht dat ik me heel even afvraag of ik het misschien in mijn fantasie heb opgeroepen. Maar het twinkelt en trilt niet als een luchtspiegeling en het lost ook niet op. En señor Ramón Carril Rial, die me, als ik de deur van zijn herberg binnenstap, zijn visitekaartje laat zien, ziet er heel echt en solide uit. Hij kijkt naar me terwijl het water van me af druipt op zijn schone vloer.

'¿Habitación?' vraagt hij. '*¿Con baño?*'

Ik knik. 'Sí. Gracias. Gracias.'

Hij steekt me een sleutel toe en wijst, een beetje treurig lijkt het, naar een verlichte gang aan de andere kant van de lobby. Ik blijf staan, kom niet in beweging. Zou ik mijn poncho moeten af doen, of zal dat een nog grotere stortvloed van vuil water tot gevolg hebben?

'*Agua cálida,*' zegt señor Ramón als om me aan te sporen en dus ga ik, zompend in mijn schoenen en met mijn poncho nog steeds om me heen, op weg naar mijn kamer.

Eenmaal in het bad, een groot en lang bad dat ik tot de rand toe vol heb laten lopen met water zo warm als ik maar kan verdragen, zo vol dat het zelfs overstroomt als ik diep inadem, is het enige dat me ertoe kan verleiden eruit te komen het vooruitzicht het avondeten mis te lopen. Als ik mezelf in de spiegel bekijk, zie ik een duidelijke lijn over mijn bovenlichaam lopen: erboven is de huid wit, eronder, waar mijn lichaam onder het hete water heeft gelegen, rood. Stoom komt van mijn benen en flanken omhoog. In plaats van het bad leeg te laten lopen, sorteer ik mijn kleren in bergjes van nog bijna schoon, gewoon vuil en erg smerig. Ik laat de laatste in het water vallen en blijf ernaar staan kijken terwijl ze langzaam naar de bodem zakken.

Ik ben de enige in de eetzaal; ik word bediend door señor Ramón, die me geen menu aanbiedt met een keur aan voorgerechten, maar me typisch pelgrimsvoedsel voorzet: een kom stevige bonensoep, een mandje brood, een bord met vlees en aardappelen, een karaf rode wijn. Onder mijn kleren, mijn enige nog droge bloes in mijn vochtige en vieze broek gestopt – geen ondergoed want het was allemaal doornat –, heb ik het gevoel in vuur en vlam te staan, verhit als ik ben door het eten en de wijn en de droge warmte. Dwars door de lege eetzaal heen zie ik mezelf weerspiegeld in de natte, zwarte ruiten. Zoals gewoonlijk verrast mijn lengte mij: ik ben kleiner dan ik altijd denk dat ik ben, kleiner en meer gespannen.

Terwijl ik in mijn kamer bezig ben de kleren uit te wringen die ik heb laten weken, gaat de telefoon. Señor Ramón wil weten wanneer ik van plan ben te vertrekken en ik realiseer me dat ik nergens voor heb betaald, niet voor de kamer en niet voor het eten, en dat hij me toen ik aankwam, misschien uit consideratie met de toestand van vervuiling en uitputting waarin ik verkeerde, niet naar mijn paspoort of creditcard heeft gevraagd.

'Morgen,' zeg ik. '*Mañana. ¿Al desayuno?*' Bij het ontbijt, denk ik dat ik heb voorgesteld.

'Sí, sí,' antwoordt hij en het klinkt of hij tevreden is. En de volgende morgen staat hij op me te wachten als ik tevoorschijn kom, gekleed, gepakt en gezakt, hoewel nog niet helemaal droog.

Zaterdag, 27 maart 1999, 8.00 uur 's ochtends, ten westen van Arzúa.

Buiten regent het nog steeds en ik ga met mijn rug naar de ramen zitten om te eten wat señor Ramón me in de bar komt brengen: versgebakken brood, nog warm, met honing, een pot koffie en een kan met gekookte melk. Net als het eten van gisteravond smaakt het zo goed dat ik bijna tranen in mijn ogen krijg als ik hem bedank. 'Nee,' zegt hij, 'te veel', en naar mijn gescheurde broek en totaal geruïneerde schoenen kijkend, schuift hij mijn overdadige fooi weer naar me terug. De rekening voor alles – diner, kamer, ontbijt – bedraagt 5110 peseta's, nog geen 35 dollar.

Alles doet me pijn, vooral mijn knie, maar dit is de laatste dag, dit is de dag waarop ik in Santiago aankom; en alsof het weer mijn perfecte ontbijt en opgewekte stemming als leidraad neemt, houdt het op met regenen als ik op weg ga. Wolkenmassa's, duister en wonderlijk mooi, paars met zilveren randen, wijken theatraal uiteen en daartussen verschijnt de zon, die op zijn beurt neerschijnt op een frisgewassen en stralende wereld. Om ongeveer halfelf zit ik op een brug over de rivier de Lavacolla, wat 'was je kraag' betekent – een laatste gelegenheid om je een beetje netjes te maken voor je in de heilige stad aankomt, nauwelijks elf kilometer hiervandaan. De zon schijnt tussen bemoste boomstammen door in brede kolommen van een ongelooflijk mooi, groenig goud; een kleur die ik in werkelijkheid nog nooit heb gezien, behalve in de hyperrealistische, overgedetailleerde en intens gekleurde emotie van een prérafaëlitisch schilderij. De hele natuur gonst van de betekenisvolle mystiek.

Even ten westen van de brug loop ik langs een boerderij en een man wenkt me.

'Hé,' roept hij, staande op de onderste stang van een metalen omheining. 'Kom, señora, kijken.' Er staat een koe op zijn erf, licht van kleur en beeldschoon, een betoverd dier met wimpers zo lang als mijn vingers, en bij haar, tegen haar uiers aan stotend, staan twee kalfjes, mooier dan ik ooit heb gezien. De boer glimlacht terwijl ik naar ze sta te kijken.

'*¿Bonita?*' vraagt hij en ik ben het met hem eens.

'¡Sí! Sí! Muy bonita!'

Ik zou bijna gaan applaudisseren, maar ik blijf stilstaan met gevouwen handen, en ik kijk naar ze terwijl ze drinken. De kalfjes hebben een wonderbaarlijk mooie kleur, als van karamel of toffees, een prachtig zoet en romig beige dat een kleine lawine van associaties bij me teweegbrengt: de speciale toffees die mijn grootvader in de la van zijn bureau bewaarde en die na zijn dood waren gesmolten en uit hun verpakking waren gelopen, waardoor al zijn paperassen, rekeningen en belastingpapieren aan elkaar geplakt zaten met hele lagen van het zoete spul. En hebben ze niet ook de kleur van de toffees die mijn moeder bij pannen vol zelf maakte en die ze, na ze te hebben laten afkoelen, overdekte met een laag donkere chocola? Ze sneed de grote plak zoetigheid met een mes in stukjes en rangschikte de keurige vierkantjes op een bord – tweehaps toffees waren het. Ik kauwde ze stiekem tot stroop en spuugde die vervolgens in het afvoerputje van een wasbak uit, waarbij ik soms een misrekening maakte en de toffee wel moest inslikken, omdat iemand me in de gang betrapte en me iets vroeg. Maar over het algemeen lukte het me om ongestraft met mijn misdaad weg te komen, een perverse verdraaiing van het 'van twee walletjes eten': ik vertikte het om mijn moeders werk, haar talent, haar geschenk, in te slikken, maar ik kon het niet laten ervan te proeven. Ik kijk op naar de boer die nog steeds glimlacht terwijl hij naar zijn dieren kijkt.

Mijn intocht in de stad wordt gemarkeerd door een plotselinge en dramatische wolkbreuk; de regen komt zo hard op de grond terecht dat de druppels terugkaatsen. Ik loop op dat moment door een eucalyptusbos – een boomsoort waarvan het niet alleen onwaarschijnlijk lijkt dat hij hier voorkomt, maar zelfs onmogelijk. Is die niet uit Australië afkomstig? Waarom heeft men hem hier, te midden van weelderige Europese wouden, geïntroduceerd? Ik raap onder het lopen steeds een blaadje van de grond en verfrommel het onder mijn neus om er die specifieke, onmiskenbare geur uit te wrijven. Het vliegveld van Santiago moet hier vlakbij zijn: ik kan het niet zien, maar ik kan de vliegtuigen horen taxiën en opstijgen, en dat geluid voegt een surrealistische en zelfs apocalyptische dimensie toe aan de toch al zo onwerkelijke atmosfeer. Het is zo'n dag waarop de zon met de regen en de wind wedijvert. Onheilspellende wolken jagen langs de hemel en verduisteren steeds voor een poosje het licht – genoeg om te maken dat je even gedesoriënteerd raakt. De wind tilt mijn poncho op en zwiept me ermee in mijn gezicht, keer op keer en met een soort vastberadenheid om me pijn te doen, als een kastijding. Ik hou het ding net zolang aan tot ik het niet meer kan verdragen – ik heb daaronder een onverpakt brood in mijn hand, maar na een bijzonder natte en pijnlijke aanval kan ik me niet langer beheersen en als ik een vuilnisbak zie, ruk ik hem van me af en scheur hem wraakzuchtig in tweeën, voor ik hem tussen afgedankte, vette voedselverpakkingen wegprop. Ik heb nog nooit iets met zoveel vreugde weggedaan.

Het kost tijd je door de teleurstellende buitenwijken van Santiago heen te worstelen, maar de oude stad is elegant en prachtig, met zijn smalle en kronkelende straatjes die geplaveid zijn met kinderkopjes, met zijn helder verlichte etalages waarin allerhande verleidingen uitgestald zijn: chocolaatjes, speelgoed, wijn, sieraden, boeken. Hoewel ik niet kan wachten om bij de kathedraal aan te komen, blijf ik op iedere straathoek staan dralen; ik zie weinig dingen die ik niet zou willen kopen.

Het is halfdrie 's middags als ik bij de trappen aankom die omhoog leiden naar de ingang van de kathedraal, en ik blijf even staan voor ik ze op loop. Mijn knieën trillen van moeheid, maar ook, vermoed ik, van iets als een bang voorgevoel. Zal mijn einddoel de te voorziene teleurstelling blijken te zijn en me het gevoel geven dat ik gek ben? Ik heb tenslotte de prachtigste kerken van Europa gezien: ik heb tussen de waterspuwers op het dak van de Notre Dame gezeten; ik ben duizelig geworden van het kijken naar de *baldacchino* in de Sint Pieter; ik ben op een grijze namiddag bij toeval in Chartres terechtgekomen, nadat ik een omweg had gemaakt en ik bij de kathedraal aankwam, net op het moment waarop iemand aan het repeteren was op het grote kerkorgel dat golven Bach uitbraakte, zo intens prachtig dat je je niet meer kon verroeren. Zo zat ik net als een menigte anderen in het middenschip van de kerk aan mijn stoel gekluisterd en we misten treinen, vergaten touringcars. Dus wat zal ik hier na zo'n lange voettocht dan nog kunnen vinden?

De Pórtico de la Gloria, een groots, gewelfd portaal omgeven door uit steen gehouwen figuren, lijkt evenzeer een verbod als een uitnodiging om de kerk binnen te gaan. Een hemels orkest, rondom de deuren gegroepeerd, speelt op luiten, lieren, violen, en de stenen gezichten van de muzikanten zijn in blinde extase naar de hemel opgericht, hun ogen gesloten, hun handen halverwege een toon voor altijd tot stilstand gebracht; hun baarden van ronde, stenen krulletjes zijn even gestileerd en onmogelijk als de hoge C. Ik loop onder ze door, niet zozeer aan God denkend als wel aan man, aan vrouw, aan de vrouw van Lot, die me bij iedere confrontatie met een religieus beeld voor de geest komt, levend vlees tot voorbeeld gemaakt. Hoe oneerlijk is het om te worden gestraft omdat je achteromkijkt, gestraft omdat je weigert liefde, herinnering, afgrijzen op te geven; bij uitstek de eigenschappen die ons tot mens maken.

Als een van velen in een lange rij van groezelige, mank lopende pelgrims, loop ik langs de graftombe van Jacobus, kus de schelp van de heilige en ontvang de zalvende aanraking van een zwijgende priester. Als ik aan weerszijden van me het gedrang van lichamen tegen me aan voel, richt ik om een beetje lucht te krijgen mijn blik omhoog naar het hoge plafond, balsem voor wie claustrofobisch is, maar daar hoog boven me is de koepel van de kathedraal versierd met een afschrikwekkend Ojo de Dios, een groot, starend, menselijk oog met een zware, vaderlijke wenkbrauw erboven. God kijkt; zijn pupil is zo groot als een schaal, met daaromheen een goudbruine iris, zijn oogleden omrand met puntige wimpers en donker overschaduwd. Hier is een oog dat zich nooit sluit. Helemaal alleen, zonder de aanwezigheid van een tweede oog, lijkt het verbijsterd en profetisch omlaag te kijken.

Ik ontvlucht de kilte van de kerk en ga naar de souvenir- en cadeauwinkel, waar ik, opgelucht door de mogelijkheid een eenvoudige transactie te kunnen uitvoeren, een paar religieuze snuisterijen koop. En dan bevind ik me, hongerig en koud, weer buiten in het kletsnatte daglicht. Een kaartje van het

VVV-kantoor toont duidelijk aan dat het hotel waar ik van plan ben de nacht door te brengen niet half zo centraal gelegen is als ik had gehoopt, maar ik heb een gegarandeerde reservering – ik heb de bevestiging in mijn rugzak – en ik mag op de vooravond van Palmpasen, in een heilig jaar nog wel, van geluk spreken dat ik een kamer heb, wat voor kamer, waar dan ook in de stad. Ik koop een pond aardbeien bij een straatventer en begin aan mijn vochtige klim over de smalle, glibberige straatkeitjes. Een goede maaltijd, denk ik, een verbazingwekkend goede maaltijd, terwijl ik langs de ene na de andere deur loop gesierd met Diners Club en American Express stickers, ingelijste menu's waarop een keuze van vier gangen wordt geboden voorafgaande aan het dessert.

Maar tegen de tijd dat ik me moet gaan aankleden voor het diner, lig ik in bed goedkope whisky uit de minibar te drinken en naar CNN te kijken. Het waait zo hard buiten, dat iedere windvlaag huilt als de wolven die mijn gedachten op dit uur van de dag zo vaak hebben beziggehouden. Hoe kan ik nu opstaan, hoe krijg ik mijn kletsnatte schoenen en mijn vieze, vochtige broek weer aan? Ik val daarentegen in slaap, niet in staat weerstand te bieden aan de gecombineerde warmte van bed en whisky. Als ik wakker word is het acht uur en wordt dezelfde nieuwsfilm van dezelfde oorlog in Bosnië weer uitgezonden, met commentaar van dezelfde nieuwslezeres. Nadat ik dagenlang in echte, reële tijd heb geleefd – geen geschreven tijd of hersentijd of filmtijd, maar voetstaptijd, tijd aangegeven door daglicht, honger, het lichaam – ben ik plotsklaps, in één middag tijd, het contact met dat alles kwijtgeraakt. Is dat wel zo?

Ik doe de tv uit en ontdek mijn spiegelbeeld in de spiegel

boven de ladekast. Mijn over het algemeen bleke wangen zijn vlammend rood, ongetwijfeld een gevolg van de whisky, maar ook van de striemende wind en de regen; en samen met mijn buitengewoon warrige haardos maakt dat dat ik er jonger uitzie, als een kind bijna. Ik denk aan de laatste heuvel, het zicht op de klokkentoren van de kathedraal die hoog boven de stad uitrees, het doel binnen bereik. Was dat het moment van aankomst? Het centrum van Santiago vervulde me van hetzelfde gevoel van melancholie als ieder ander historisch stadscentrum: prachtig, elegant en treurig. Die plaatsen die we zo zorgvuldig en vol trots tegen de tijd beschermen – ze lijken altijd klein en kwetsbaar, niet zozeer zegepralend als wel voortdurend gevaar lopend. Zonder enige aanleiding komen me de kalfjes weer in gedachten en met hen de schaal met mijn moeders zoete lekkernij.

Ik wil gaan slapen, gevangen als ik ben in deze kamer waar niets op aan te merken valt, niet meer in staat mijn koude kleren weer aan te doen, niet meer in staat nog één voet buiten de deur te zetten als dat niet strikt noodzakelijk is. Ik wil gaan slapen en om zes uur wakker worden, en dan kan ik nog vier uur van Palmpasen meemaken, de heilige communie onder het oog van God, voor ik mijn rugzak moet inpakken en op weg moet naar het vliegveld en mijn vliegtuig. En ik had het niet gedacht, maar ik val inderdaad in slaap.

~

Zondag, 28 maart 1999, 6.00 's ochtends, Santiago.

Nadat ik om zes uur – zoals ik me had voorgenomen – wakker ben geworden, lig ik langdurig in een warm bad en tegen halfacht ben ik aangekleed en zit ik aan een kleine tafel in de eetzaal. Net zoveel café con leche als ik maar wil, een mandje met warme broodjes, muesli en yoghurt en fruit; ik eet en ga door met eten, vervolgens loop ik – met stramme benen en een lichte rug – naar het centrum om in de kathedraal de mis bij te wonen.

Tijdens de mis heb ik de pech naast een non te zitten die mijn groezelige en onvrouwelijke kleding een belediging vindt, zo zelfs dat ze het niet over haar hart kan verkrijgen me aan te kijken, ook niet als de kerkgangers door de priester worden aangespoord elkaar het vredesteken te geven. Maar die speldenprik wordt goedgemaakt door het hoogtepunt van de mis: het aansteken van de Botafumeiro. Op de een of andere manier ben ik helemaal hiernaartoe komen lopen zonder te weten wat me te wachten stond: het befaamde zilveren wierookvat van de kathedraal, dat zo groot is dat er acht priesters voor nodig zijn om het naar het altaar te dragen. Gekleed in rode pijen komen ze in processie uit een zijkapel tevoorschijn, het wierookvat dragend aan een dikke, lange en glanzend gewreven paal die, ter bescherming van hun schouders, aan de uiteinden van kussentjes is voorzien. De priesters zetten het vat voor het altaar neer, lichten het deksel eraf en vullen de enorme kom met wierook die ze vervolgens aanstekken, waarna ze het deksel er haastig weer op zetten. Het zwarte mechaniek dat onder het geschilderde oog in de koepel hangt, blijkt een lier te zijn waarvan een touw afhangt zo dik als de arm van een man; het ene uiteinde ervan is met een reusachtige knoop aan de Botafumeiro bevestigd, het andere zit aan acht kleinere touwen vast, voor iedere priester een.

Rook stroomt uit de vele openingen in het deksel van het

wierookvat, waardoor de glanzende zijkanten ervan, de decoratieve schelp en de kruistekens, aan het gezicht worden onttrokken. De priesters pakken ieder een touw, trekken eraan en het vat begint omhoog te komen. Met de snelle, efficiënte gebaren van jarenlange oefening trekken de in pijen geklede priesters aan hun touw en laten het vieren, ze trekken en laten het vieren, waardoor de enorme bol een lange schommelbeweging begint te maken en door het hele transept van de kathedraal heen en weer zwaait, in een steeds wijdere boog, wolken van geurende rook achter zich aan slepend, totdat hij hoog boven de hoofden van de kerkgangers op een gevangen komeet lijkt: de glanzende kop met een spoor van vlammen achter zich aan en een lange staart van rook en twinkelende oranje vonkjes. Een benauwende, zoete wolk omhult de naar hem opkijkende mensen. Spectaculair en zo verschrikkelijk mooi! Iedereen in de kerk is opgestaan, gezichten opgeheven, ogen die de grote, hypnotiserende pendule volgen terwijl die zeker wel driehonderd meter door de kerk heen en weer zwaait. Wat prachtig en wat geweldig om er zo door verrast te worden.

Met de menigte mee loop ik, met brandende keel en tranende ogen, de kerk uit en de trappen af. Gedesoriënteerd en opgetogen als ik ben, herken ik de zes jonge mannen niet meteen die me vanaf de plaza wenken, naar me roepen van '¡Hola!' en 'Hé' en 'Señora' en met hun afgestempelde pelgrimspaspoorten zwaaien. Ze horen bij het groepje wielrijders dat ik in Ligonde heb ontmoet, met wie ik die vieze koffie heb gedronken, terwijl we voor de wind en de regen schuilden.

'Wanneer bent u hier aangekomen?' vraagt er een in het Frans.

'*Hier*,' zeg ik. Gisteren.

'Waar is uw certificaat?'

Ik haal mijn schouders op en degene die me de sinaasappel gaf lacht.

'Die,' zegt hij, 'die heeft er geen nodig.' We lachen om de afstand die ik lopend heb afgelegd sinds we elkaar hebben ontmoet. Ik blijk het met een daglengte voorsprong van hen te hebben gewonnen.

Als ik terugloop naar het hotel, terug naar mijn rugzak en naar de auto die gereserveerd is om me naar het vliegveld te brengen, drukt een vrouw me een olijftakje in de hand.

'*Paz*,' zegt ze, en dan in het Engels: 'Peace.'

Wat zal ervan blijven hangen? vraag ik aan mezelf terwijl mijn vliegtuig naar Londen van het plaatselijke vliegveld vertrekt. Ik zie de stad Santiago door het vliegtuigraampje kleiner en kleiner worden, steeds verder van me afraken. Wat zal ik me blijven herinneren? Ik ben blij dat ik geen fototoestel heb meegenomen, dankbaar om een reden te hebben om dit beeld van licht in mijn herinnering te houden: een pad diep uitgesleten in de aarde, bossen aan weerskanten en schuine banen goud die tussen de boomstammen door schijnen. Laat me dit niet vergeten, vraag ik. Alstublieft, maak dat ik me dit altijd blijf herinneren.

Op mijn schoot schrijf ik een lijstje:

Ik heb in zeven dagen 283 kilometer gelopen.

Ik heb er daarvan 100 gestrompeld.

Ik was aan het eind van iedere dag in tranen.

Ik ben twee keer gevallen, een keer op de eerste dag en een keer op de laatste.

Ik ben twee keer naar de mis geweest.

Ik heb iedere dag zon gehad en vier dagen regen.

Ik ben iedere dag door honden aangeblaft.

Ik heb me zorgen gemaakt over wolven.

Ik heb een stenen kruis gekust en ik heb een beetje heilige olie gestolen, stempels ontvangen en mezelf een stempel gegeven.

Ik heb aan Colin, Sarah, Walker, mijn moeder en mijn vader, mijn grootouders en mijn vrienden gedacht – aan de boeken die ik heb geschreven en aan de boeken die ik hoop nog te zullen schrijven. Aan de baby die ik nog wil hebben, die het spreekwoordelijke embryonale stadium nog niet eens heeft bereikt, maar toch bestaat ze, ze bestaat als wens.

Wat weet ik dat mijn kinderen me niet hebben geleerd? Hoewel ik het me nu niet kan voorstellen, zal ik over drie jaar met mijn oudste dochter terugkomen naar dit pad en zal ik mezelf door haar ogen zien. Het zal Sarah dagen van in de pas lopen kosten om me te laten zien dat genade je zowel nederig maakt als je verheft en dat die genade zich altijd in een onverwachte vorm voordoet. Deze keer heb ik met een koortsachtige onrust gelopen, alsof ik dacht dat ik vleugels had. De volgende voettocht zal de noodzakelijke aanvulling op deze reis zijn, die zal me laten zien dat je ook met lemen voeten kunt lopen.

In Londen krijg ik wegens het uitvallen van een vlucht de kans gebruik te maken van de eersteklaslounge – bij wijze van verontschuldiging van de vliegmaatschappij voor het mij aangedane ongemak – en ik ontdek tot mijn grote vreugde dat daarin niet alleen eten en drinken voorhanden is, maar ook een aantal douches en kleedkamers, eindeloos veel warm water en ongelimiteerde hoeveelheden handdoeken en flessen shampoo, conditioner en lotion.

Nagloeiend en schoon onder mijn nog steeds groezelige kleren, kijk ik naar CNN terwijl ik een glas rode wijn drink en het me nauwelijks iets kan schelen dat er al zoveel tijd voorbij is gegaan, dat ik alweer naar een tweede herhaling zit te kijken van een op video opgenomen interview met de weduwe van een Bosnische vrijheidsstrijder. De vrouw die haar man voor zijn dood in geen twee jaar had gezien, zei met veel nadruk hoe gelukkig ze was dat ze met zo'n grootmoedige, eerbiedwaardige en steunverlenende man was getrouwd. 'Dat kan niemand me afnemen,' zei ze. 'Dat is van mij.' Terwijl ik hier voor de derde keer naar luister, ben ik niet zoals gewoonlijk geïrriteerd door de eindeloze herhalingen van nieuwsfilms op CNN. In plaats daarvan dringt er ineens iets als een openbaring tot me door. Het is Colin en mij heel vaak opgevallen dat ik altijd zo met het verleden bezig ben, in tegenstelling tot de plannen die hij maakt voor de toekomst, de mogelijkheden en de vrijheid daarvan.

Wat een hoop ligt er in de toekomst besloten. Voor het verleden geldt dat helemaal niet, maar zoals deze onbekende vrouw uit een onbekend land me zojuist heeft laten zien: het verleden is van mij. Niemand kan me dat afnemen. Plotseling lijkt het of ik al diegenen die ik altijd denk te hebben verloren – mijn moeder en vader, mijn grootmoeder en grootvader – weer net zo heb teruggevonden. Hoeveel van hen draag ik in mijn binnenste niet met me mee, genoeg om nooit het gevoel te hoeven hebben dat ze me ontnomen, ontvallen zijn. Terwijl ik hier in de lounge zit, met schoenen die zo smerig zijn dat ze me de nodige blikken van de groep gesoigneerde eersteklasreizigers opleveren, doe ik mijn ogen dicht en zie ik al mijn dierbaren voor me, net zoals toen daar ergens op het pad: stralend van licht, verheven, van mij.